# VIE

DE

# M^GR HIPPOLYTE-LOUIS AGOSTO

ÉVÊQUE DE NICOPOLIS, PASSIONISTE

PAR

le P. Emmanuel de S^t-Louis de Gonzague

(G. B. ELENA) DE LA MÊME CONGRÉGATION

ROUSTCHOUK. — 1905

# VIE

DE

# M^gr HIPPOLYTE-LOUIS AGOSTO

# VIE

DE

# M^GR HIPPOLYTE-LOUIS AGOSTO



ÉVÊQUE DE NICOPOLIS, PASSIONISTE

PAR

le P. Emmanuel de S^t-Louis de Gonzague

(G. B. ELENA) DE LA MÊME CONGRÉGATION

*ROUSTCHOUK. — 1905*

IMPRIMATUR

*Rusciukini, die 29 Decembris 1904.*

✝ HENRICUS, *Pass., Episcopus Nicopolitanus.*

---

## DÉCLARATION

*Je soumets entièrement au jugement du Saint-Siège tout ce que j'ai écrit et publié dans cet humble ouvrage. Je déclare vouloir me conformer en tout et pour tout aux intentions et aux décisions de la Sainte Église Catholique, Apostolique et Romaine, dont je suis et veux être, avec la grâce de Dieu, le fils très soumis et dévoué jusqu'à mon dernier soupir.*

---

IMMACULATÆ VIRGINI MARIÆ

SSMÆ DEIPARÆ

D. D.

# INTRODUCTION

Le 7 juillet 1902, trois voyageurs, sous la conduite d'un évêque missionnaire, entraient à Sophia. Le plus âgé des trois voyageurs ne pouvait se lasser d'admirer la nouvelle cité, ses hôtels, ses palais, ses rues larges, droites et bien pavées ; les longues lignes de poteaux soutenant des lanternes à la lumière électrique ; les nombreux tramways qui se croisaient de toutes parts. — Et il y a un quart de siècle à peine que cette ancienne Sardique est sortie de sa tombe, se disait-il... Quel est le secret de cette résurrection ? Le lendemain, ce même voyageur parcourait les environs de Plewna, et son admiration augmentait en contemplant les beautés qui se déroulaient sous ses yeux. Les coteaux, les collines, les plaines, les champs, les forêts, les cours d'eau aux gracieux méandres : tout excitait au plus haut point son attention et son admiration. Mais quand on fut entré dans un village, que ce voyageur attentif eut vu de près les habitants du pays dont les beautés le ravissaient, il sentit au cœur un tel redoublement de tendresse et d'affection, qu'il se dit aussitôt : Il faut que je connaisse encore plus ces nouveaux frères parmi lesquels le Ciel m'envoie ; il faut que je m'occupe plus que jamais à leur être utile, que j'emploie toutes mes forces à leur procurer la félicité et le bonheur. Et il se mit à l'œuvre. Il voulut connaître leur origine, savoir l'histoire de leur pays, ainsi que ses gloires, afin de les redire.

La Bulgarie ?... c'est très ancien ! mais elle était tombée presque dans un complet oubli depuis plus de quatre siècles. Vers la fin du ve siècle de notre ère, le peuple bulgare fit son apparition sur les frontières de l'empire d'Orient. Parti des rives froides du Volga, il voulut se chercher une patrie pour y fixer ses tentes. Indompté et plein de bravoure, guidé par des chefs que rien n'arrêtait, il s'avança vers le midi, renversant et brisant tous les obstacles qui s'offraient sur son passage. Arrivé sur les bords du grand fleuve de notre Orient, il n'hésita point à franchir cette barrière de l'Empire, malgré les nombreux postes qui la défendaient. En ce temps, les Grecs et leur empereur, Anastase Ier, étaient tout occupés avec l'Eutychianisme. Follement engoués des erreurs d'un moine orgueilleux et ignorant, un grand nombre d'évêques, malheureusement, oubliaient leurs devoirs, et l'empereur ne s'occupait guère du gouvernement de ses peuples. Aussi les Bulgares, alors barbares, comme on se plaisait d'appeler tout peuple étranger à l'empire romain, eurent-ils bientôt fait du chemin. La Dacie, les deux Mœsies et une grande partie de la Thrace étaient envahies. Les Busa ou Boris, les Asparuk, et autres chefs leurs successeurs, ne se souciaient guère des menaces et des armées de Byzance, ils s'établissaient dans le pays, et cherchaient toujours à élargir leurs frontières. Les Grecs, puissants et polis, eurent à traiter avec ces barbares qu'ils méprisaient, et souvent ils ne purent réussir à les apaiser. Les progrès des Bulgares ne manquaient point de tirer de leur mollesse les Césars du Bas-Empire. Mais le terrible Crum, en 811 et 812 (1), fit sentir à Nicéphore Logo-

(1) Nicéphore Ier Logothète (802-811) fut tué dans la bataille du 25 juillet 811 à Preslaff. Cet empereur n'était qu'un tyran. Michel Ier Rhanghabé (811-813) fut défait le 22 juin 812. Ce monarque, qui était bon, se retira dans un monastère, ne voulant pas conserver le trône par l'effusion du sang de ses sujets. Saint Ignace, patriarche de Constantinople (846-878), était son fils.

thète et à Michel Ier Ranghabé qu'il fallait respecter les Bulgares. Léon V l'Arménien réussit mieux contre Deucom en 815. Mais l'Empire de Byzance ne put empêcher l'établissement de l'Empire bulgare, qui se fortifia considérablement et devint une menace permanente pour les empereurs de Constantinople. Cependant ce que les indignes successeurs du grand Constantin ne pouvaient obtenir par les armes, ils l'obtinrent par la ruse.

Il y avait deux siècles que les Bulgares avaient franchi le Danube, et la masse de la nation était encore idolâtre. Leur contact fréquent avec les Grecs, alors chrétiens et catholiques, avait bien porté quelques-uns d'entre eux à suivre la céleste doctrine du Christ, et des prêtres venus de Constantinople avaient même fondé des chrétientés parmi eux; mais la multitude et les chefs restaient païens, quand en 864 le roi Bogoris, ou Boris, se résolut à recevoir le saint baptême. Cet heureux événement eut lieu le jour de Noël à Constantinople. En cette circonstance mémorable, le monarque bulgare changea son nom en celui de Michel, en mémoire de l'empereur Michel III, qui voulut le lever des fonts sacrés. Il ne semble pas que la nation ait suivi alors l'exemple du souverain.

En 866, Boris-Michel envoyait une ambassade solennelle à Rome, et priait le Pape saint Nicolas Ier de lui envoyer des prêtres et des évêques latins pour convertir son peuple et mettre la Bulgarie sous la juridiction immédiate du Siège romain. Le Pape s'empressa de répondre aux vœux du Roi, et envoya en Bulgarie Formose, évêque de Porto, et Paul, évêque de Populonia. Les Bulgares se convertirent en foule. Les envoyés pontificaux établirent des chrétientés nombreuses. D'autres prêtres et évêques d'Occident les rejoignirent, et le clergé grec fut écarté. Mais en 870, Boris-Michel Ier, impatient d'avoir un archevêque dans son royaume, avait envoyé une ambassade à

Constantinople aux Légats du Saint-Siège, qui venaient de présider au Concile général où Photius avait été déposé. Des courtisans de l'empereur Basile Ier et des prélats ambitieux circonvinrent les Bulgares et les trompèrent indignement. Malgré les protestations des Légats romains, les Grecs déclarèrent la Bulgarie soumise au Siège de Constantinople, et saint Ignace, patriarche de cette ville, qui venait d'être rétabli sur son siège, eut la faiblesse d'envoyer un archevêque et des évêques grecs dans ce royaume.

Ce fut le commencement des malheurs du peuple bulgare. Car, à peine né à la religion véritable et placé dans les bras d'une mère tendre et vigilante comme était l'Église romaine, il se voyait arraché de ses bras et livré à tous les périls où l'orgueil et l'ignorance précipitent. Il n'était pas encore hérétique ni schismatique ; mais placé dès lors sous l'influence des patriarches byzantins, il en suivit tous les errements, comme un satellite suit l'astre qui est son centre. Plus d'une fois, il est vrai, au XIIe siècle notamment, les grands et les rois montrèrent des velléités de rentrer dans le giron de cette sainte Église romaine, qui les avait enfantés à Dieu. Mais, comme Boris-Michel Ier, au contact des gens de Byzance, ils avaient pris de leurs idées ce qu'elles contenaient de plus funeste au point de vue de l'assimilation avec l'Occident. Aussi sont-ils encore aujourd'hui loin de leur Mère et plongés dans l'erreur du schisme.

Mais, tandis qu'ils couraient si malheureusement dans cette voie funeste, les Bulgares restaient-ils un peuple ignorant et barbare ? Oh ! non... En 864, deux frères, illustres par leur savoir et leur sainteté, passèrent par la Bulgarie : c'étaient Cyrille et Méthode. « Jusque-là il n'existait encore aucun système d'alphabet propre à figurer les sons particuliers aux langues slaves, dit un savant écrivain moderne. Il manquait à ces peuples l'indispensable promoteur de toute civilisation, l'art de retenir et de répandre par l'écriture le fond d'idées et de sentiments que chaque génération porte en elle, et qui, le livre manquant, est enlevé par le temps, sans profit pour les générations futures. C'est une des grandes gloires de Cyrille d'avoir eu l'idée de combler cette lacune, et, avec l'aide de Méthode, d'y avoir promptement réussi. Au bout de quelques jours de travail et de prière, sortait de la collaboration des deux frères un système pratique d'écriture aussitôt appliqué que trouvé. » (*L'Europe et le Saint-Siège*. Ire partie. *Le Pape Jean VIII*. III, *les Moraves*, par le R. P. Lapotre, s. j.) C'est donc à deux saints et savants moines, soumis et très attachés au Saint-Siège de Rome, que les Bulgares doivent leur écriture nationale. Ce sont Cyrille et Méthode qui introduisirent leur langue dans la liturgie, la liturgie slavonne hautement approuvée par le pape Hadrien II, en 867. C'est à Rome même que les deux saints frères furent ordonnés prêtres la même année. Saint Cyrille étant mort dans cette ville en 869, après une longue maladie, son frère saint Méthode, sacré évêque par l'ordre du pape Hadrien II, partait de Rome pour confirmer chez les Moraves la liturgie nouvelle, laquelle ne tarda pas à pénétrer en Bulgarie.

Les Papes, depuis Hadrien II jusqu'à Pie IX et Léon XIII, n'ont cessé de veiller à la conservation de l'œuvre des saints frères Cyrille et Méthode. Léon XIII a tenu à les glorifier avec un éclat extraordinaire en 1881, et a voulu composer lui-même leur office propre et l'insérer dans le Bréviaire romain, afin que tous les prêtres de l'Église romaine louent le Seigneur des bienfaits accomplis par eux dans la Bulgarie et la Moravie. C'est donc à l'autorité et à la sollicitude de l'Église romaine que le peuple bulgare doit, avec son écriture et sa liturgie propre, tout ce qu'il a eu de culture et de distinction parmi les peuples de cet Orient.

Et cependant la Bulgarie ne veut point de Rome, et le peuple bulgare, dans sa grande majorité, s'est détourné de sa mère l'Église romaine et s'est arraché de ses bras maternels. Mais, hâtons-nous de le dire, ce n'est pas sa faute ; la faute tout entière en est à ses grands et à ses rois. Boris-Michel Ier a commencé cette triste et lamentable aberration. Kalo-Joannes en 1200, et Jean Ier Hasan (1) en 1210, firent de même. Ils avaient contracté, comme dit le savant auteur cité plus haut, ce qu'il appelle le « mal byzantin », la passion de l'autonomie religieuse et de l'autocratie politique. Élevés à l'école de Byzance, les chefs (Kniazes) bulgares ne comprirent plus l'organisation religieuse d'un pays indépendant autrement que par l'indépendance de toute juridiction étrangère. L'histoire du premier empire bulgare, jusqu'à sa chute en 1019, n'est guère autre chose que la poursuite de cet idéal. Il ne renaquit même plus tard, à la fin du XIIe siècle, que pour reprendre son ancien rêve. (Le R. P. Lapotre, *ut supra. Les Bulgares. Le mal byzantin.*) Et voilà la source de tous les malheurs qui fondirent sur la belle Bulgarie et ses habitants. Par la faute, en effet, de Michel Ier et de ses successeurs, les Bulgares ne se trouvèrent d'abord qu'en butte aux changements capricieux ou coupables des Patriarches de Constantinople et des empereurs du Bas-Empire ; mais bientôt leurs maux devinrent extrêmes, quand, en 1055, Léon, archevêque d'Achrida (2), les entraîna dans le schisme. Ami de Michel Cérulaire, patriarche de Constantinople (1043-1057) et

(1) La famille des Hasan était originaire de Valachie. Elle a donné plus de sept rois à la Bulgarie. Jean II Hasan (1210-1241) rétablit le schisme. C'était la troisième fois que la Bulgarie était séparée de Rome.

(2) Léon d'Achrida (Ochrida) était un ancien clerc de l'Église de Constantinople, et c'est par les soins de Michel Cérulaire qu'il fut élevé sur le siège d'Achrida, depuis longtemps le premier de la Bulgarie.

tout dévoué à son parti, Léon fut le bras droit de Cérulaire en Bulgarie, et l'âme du schisme qui sépara le vaillant peuple bulgare et son beau pays de leur mère la sainte Église romaine. Que de gémissements a fait pousser à l'Église de Rome cette malheureuse séparation ! Les Pontifes ne se sont point lassés de protester de tout leur pouvoir contre une telle iniquité. Jamais ils n'ont laissé passer une occasion qui leur parût tant soit peu favorable pour faire rentrer dans son sein les enfants bien-aimés qu'on en avait si cruellement arrachés. Toujours ils ont veillé avec un soin et un amour tout paternels sur ceux qui leur étaient restés fidèles. Oui, tandis que Byzance perdait les Bulgares, tandis qu'elle les privait de ses rois et les plongeait dans le schisme, tandis qu'elle les voyait sans souci se perdre dans les abominables erreurs des Pauliciens, ou Paulikians (1), Rome veillait et ne cessait de tourner ses regards vers ses fils, et le Pape envoyait des aides, des Pères qui, des diverses contrées de l'Europe, accouraient pour secourir ces frères et ces enfants qu'on voulait perdre.

Oui ! malgré le schisme et l'hérésie, il restait parmi le peuple bulgare le souvenir de sa Mère l'Église romaine, qui l'avait enfanté à Dieu durant le règne de son premier

(1) C'était une branche de Manichéens. Ils avaient pris naissance en Arménie dans les VI^e et VII^e siècles. L'empereur Jean I^er Zimiscès (969-975), par le conseil du Patriarche d'Antioche d'alors, les dispersa en différentes contrées de l'empire. L'empereur et le Patriarche voulaient par là détruire plus facilement leur détestable doctrine ; mais c'est le contraire qui arriva. Une colonie de ces sectaires ayant été transférée en Thrace, ils infestèrent les Bulgares de leurs erreurs. Parmi ces erreurs, ils rejetaient le baptême catholique, la Présence réelle, le culte de la Croix, qu'ils avaient en grande horreur, le culte de la Sainte Vierge et des Saints. L'histoire nous dit que tous les Manichéens avaient des pratiques abominables. C'est sans doute pour combattre plus efficacement ces erreurs que les Révérends Pères Franciscains ont introduit la pieuse cérémonie du baisement de la Croix, qui a lieu à l'église après la célébration de tout office religieux. Cette touchante cérémonie a été fidèlement et religieusement conservée par les missionnaires jusqu'à nos jours. Les fidèles y tiennent grandement et l'accomplissent avec une grande dévotion.

roi chrétien. Cela est indubitable, car, « de toute antiquité il y a eu des chrétiens du rite latin, à côté des chrétiens slaves, dans la péninsule des Balkans. La correspondance de Basile, archevêque de Tirnovo, du roi Kalo-Joannes avec le pape Innocent III ; le règne des deux premiers Hasan à Widin, le couronnement de Jean Ier Hasan dans cette ville en 1196, et de Kalo-Joannes à Tirnovo vers le même temps par un délégué du Pontife romain, le prouvent surabondamment. » Il est par là également constant que l'Église romaine veillait sur ses bien-aimés Bulgares. Les défaillances des Boris-Michel Ier, des Kalo-Joannes et des Jean Ier Hasan ne faisaient que raviver ses affections, multiplier ses soins et ses efforts pour sauver les Bulgares fidèles. On pense avec quelles fatigues, quelles peines et quels dangers !... surtout quand, avec l'empereur Shisman (1360-1402), disparut le dernier roi et la dynastie bulgare, sous les coups de Bajazet Ier, empereur des Turcs. Ah ! dès cette époque néfaste, les maux déjà bien grands des chrétiens latins bulgares centuplèrent. Les schismatiques les méprisaient, et les Pauliciens multipliaient leurs adeptes ; car les Turcs ne persécutaient point ces derniers, dont la religion avait quelque conformité avec celle du Prophète. Les Bulgares fidèles passèrent bien des jours sans évêques et sans prêtres..... Et quand quelques religieux d'Occident, à travers mille périls, parvenaient à les aborder pour les soutenir et les consoler, ils avaient le plus souvent la douleur de voir ces vaillants réduits en esclavage, ou tomber sous le cimeterre musulman... Ils persévéraient quand même, et Rome ne se lassait pas d'envoyer ses visiteurs apostoliques (1) et ses missionnaires.

(1) Le premier visiteur apostolique pour la Bulgarie, signalé après le Concile de Trente, est Mgr Ambroise... franciscain, archevêque d'Antivari. En 1565, il faisait rentrer dans le devoir le curé de Chiprovatz, Jean Jugovich, qui s'était malheureusement égaré. — Il convient de remarquer que les catholiques de Chiprovatz et leur clergé étaient originaires des pays slaves confinant à l'Adriatique.

Après bien des traits d'héroïsme où prêtres séculiers et religieux de différents Ordres s'illustrèrent, le pape Clément VIII, profitant d'une occasion favorable, confia la Mission bulgare aux vaillants fils de Saint-François. Les humbles et fervents disciples du Séraphin d'Assise s'avancèrent courageusement vers le nouveau théâtre de leur zèle apostolique et fixèrent leur centre d'action à Sophia, l'ancienne Sardique, à jamais célèbre par le Concile tenu dans son enceinte en 347. Bientôt l'un d'entre eux, Pierre de Soli (Solinates), ville de Bosnie, fut sacré évêque de Sophia (1610-1625), et, sous sa direction, les Franciscains parcoururent le pays en tout sens, au milieu de difficultés et de dangers innombrables et sans cesse renaissants. Ils travaillèrent tout spécialement à la conversion des Pauliciens. Devant le zèle des missionnaires et particulièrement d'Élie Marinic (Marinius), successeur de Pierre de Soli (1625-1641), des villages entiers de ces hérétiques entrèrent dans le sein de l'Église. Pierre-Bogdan (en latin, Deodatus) Baksic (1641-1642-1676), successeur de Mgr Élie Marinic, continua avec un zèle croissant l'œuvre de ses prédécesseurs. Des églises avaient été bâties, des écoles fondées, des élèves nombreux avaient été formés. Bon nombre d'entre eux allaient en Italie, au collège de Lorette, pour y achever leurs études. Chiprovatz, Copilovatz et Zelesna, localités importantes, possédaient des couvents de Frères Mineurs. Une custodie florissante avait été établie en 1624. L'évêque avait des religieux qui parlaient un grand nombre de langues, tant de l'Orient que de l'Occident. La mission était soignée d'une manière admirable, au prix de peines infinies toujours renaissantes par suite des exactions des Turcs, et aussi parfois, il faut le dire, des difficultés intestines suscitées par ceux-là mêmes que les zélés fils de Saint-François avaient élevés et fait instruire. De 1618 à 1680, on relève dans les différents rapports officiels plus de soixante-dix (70) localités disséminées dans la Bulgarie, toutes desservies par les Franciscains. La tâche devenant de plus en plus difficile, Mgr Pierre Baksic demanda à Rome l'érection de nouveaux évêchés.

A leur entrée dans le pays, les Bulgares avaient détruit plusieurs villes épiscopales, entre autres Marcianopolis et Nicopolis (1). Les pasteurs de ces villes siégèrent sans doute à Nicée (325), à Sardique (347), à Constantinople (381) et à Éphèse (431); mais depuis longtemps leurs sièges étaient vacants. Rome, en faisant droit à la demande de Mgr P. Baksic, rétablit ces deux évêchés. Marcianopolis était métropole sans suffragants, avec résidence, pour le titulaire, à Silistria, l'ancienne Durostorum. Le pape Innocent X, en 1644, y nommait pour archevêque le R. P. Bandulovic, franciscain. Sophia était en même temps érigée en archevêché, et le fleuve Isker formait les limites des deux métropoles. En 1648, au mois de mai, le même pape Innocent X rétablissait l'évêché de Nicopolis, et en créait évêque le prêtre Philippe Stanislavow, natif d'Oresc, que les Franciscains avaient envoyé faire ses études à Rome. C'est dans cette capitale du monde chrétien que le nouveau prélat reçut la consécration épiscopale. Ainsi, après cinq siècles de persécutions, de privations et de peines de toutes sortes causées par le schisme et la domination des Mahométans, les Bulgares catholiques revoyaient-ils les évêques et les prêtres de leur sainte religion, grâce à la persévérante tendresse de l'Église romaine.

Hélas! ce bonheur ne fut pas de longue durée. Mgr Pierre Baksic s'était endormi dans le Seigneur, après

(1) Cette ville était située sur le fleuve Rositza, non loin de sa jonction avec la Jantra, dont il est le principal affluent. Ce lieu s'appelle aujourd'hui Jeni Nikup (*Nicopolis ad Istros*). Il n'y a plus que des ruines et un petit village. C'est toujours de cette antique Nicopolis que l'évêque catholique de la Bulgarie du Nord porte le titre.

trente années d'un glorieux épiscopat. Son confrère, Mgr Étienne Knézévic, natif de Chiprovatz, lui avait succédé (1677-1689). La Mission franciscaine de Bulgarie était en pleine prospérité, lorsqu'en 1689, excités par la nouvelle, vraie ou fausse, que les Bulgares songeaient à se révolter pour s'unir au roi de Hongrie, les Turcs se ruèrent sur les bourgs chrétiens, pillant, massacrant, détruisant tout ce qui leur tombait sous la main. Chiprovatz, Zelesna et Clisura (1) furent réduites en cendres, les femmes et les enfants traînés en esclavage, et bien peu d'hommes échappèrent au massacre. Les couvents des Franciscains subirent le même sort. Sur quarante religieux et plus, une dizaine se sauvèrent comme par miracle de l'horrible dévastation. L'archevêque de Sophia, déjà bien malade, s'était retiré, peu de temps auparavant, en Valachie, où il mourut. Son successeur, également franciscain bulgare, fut arrêté en chemin par les Turcs et autres, qui le dépouillèrent de tout et le maltraitèrent indignement. Il put s'enfuir en Transylvanie, où il mourut le 28 octobre 1691. Le successeur de ce dernier évêque, Mgr Paul Joscic, prêtre séculier, élu en 1708, fut obligé de fuir devant les Turcs, même avant son sacre. Enfin, en 1737 par la guerre, et en 1738 par la peste, la Province franciscaine de la Bulgarie fut entièrement anéantie.

Mais revenons en arrière. Le nouvel évêque de Nicopolis, Mgr Philippe Stanislavoff (1648-1674), travaillait avec une grande activité au bien de son diocèse. Toujours travesti, afin d'échapper aux Turcs, il parcourait la Bulgarie depuis

(1) Zelesna a complètement disparu; Chiprovatz, Copilovatz et Clisura existent encore, mais il n'y a plus de catholiques. Les deux premières de ces localités sont situées près des sources de l'Ogost, la dernière à l'orient de Berkowatz sur la route qui conduit de Lom Palanka à Sophia à travers le Balkan.

l'Isker jusqu'à Constantza (l'antique Tomes) (1). L'archevêque de Marcianopolis, ou plus connu, ou ne parlant pas autant d'idiomes, et sans doute pas aussi robuste, sortait peu, et Mgr de Nicopolis visitait les fidèles en son nom. Consumé enfin par ses travaux, Mgr Stanislavoff dut s'arrêter, et, de 1672 à 1677, ce fut l'archevêque d'Ochrida (Achrida), François Soimirovic, qui administra le diocèse de Nicopolis.

Antoine Stéphanoff, fransciscain (1677-1708), succédait à Philippe Stanislavoff. Il était natif de Chiprovatz, où il avait été sacré le 20 avril 1677, par son confrère, l'archevêque de Sophia, Étienne Knézévic. Il résidait à Béelini, et c'est de son temps qu'arriva la catastrophe qui détruisit la Province franciscaine. Il fit tout ce qu'il put pour venir en aide à ses frères et secourir l'archevêque de Sophia. Lui-même eut bien à souffrir et fut assez maltraité par les Turcs. Après sa mort, les fidèles de Bulgarie revirent les maux qui pesaient sur eux avant l'arrivée des fils de Saint-François; car, par suite de la dispersion de ceux-ci, le pays se trouva dépourvu de prêtres. Le Père Matthieu Médacovic, franciscain, seul missionnaire, envoya une relation extrêmement touchante au pape Clément XI, faisant d'humbles et pressantes instances pour avoir des aides.

Mgr Nicolas Stanislavic, franciscain (1728-1739), fut sacré évêque de Nicopolis et envoyé dans la Mission. Dès son arrivée, il demanda et fit venir des missionnaires, travailla avec un zèle admirable à relever les ruines, à soulager et à assister son troupeau tout meurtri et très amoindri. Car les Bulgares catholiques, pour se soustraire aux exactions des Turcs, devenues plus fréquentes depuis les dernières guerres, avaient émigré en Hongrie. En 1739,

(1) On sait que cette ville fut le lieu d'exil du célèbre poète latin P. Ovide Naso. Il était né à Sulmona dans les Abruzzes l'an 43 avant Jésus-Christ, et mourut à Tomes l'an 18 de notre ère.

Mgr N. Stanislavic fut transféré au siège de Csanad, ville auprès de laquelle les Bulgares s'étaient réfugiés en plus grand nombre. Ils fondèrent une quinzaine de villages, ainsi que la petite ville de Vinga. L'évêque les protégea et leur obtint des privilèges de l'impératrice Marie-Thérèse.

Rome cependant ne délaissait pas les restes malheureux des Bulgares, qui gémissaient dans leur propre patrie comme dans une terre d'exil. Mgr Antoine Bécik (1745-1751) était donné pour successeur à Mgr Nicolas Stanislavic sur le siège de Nicopolis. On connaît peu les travaux de ce prélat ; mais sans doute qu'ils ont été nombreux et traversés de grandes difficultés.

Quoi qu'il en soit, le Saint-Siège, en 1751, envoyait en Bulgarie, comme évêque de Nicopolis, Mgr Nicolas Pugliesi (1751-1767), et lui donnait pour aides trois missionnaires Baptistins, d'une nouvelle Congrégation établie à Rome en 1750 par le Vénérable Dominique Olivieri, prêtre génois (1). Mgr N. Pugliesi travailla avec zèle au bien de son diocèse, sans se laisser abattre par les difficultés, et sans reculer devant le bâton des Turcs qui, plus d'une fois, meurtrit ses épaules. Transféré en 1767 à l'archevêché d'Antivari, Mgr Pugliesi avait pour successeur sur le siège de Nicopolis son vicaire général, Sébastien Canepa, l'un des Baptistins venus avec lui de Rome.

Sacré à Constantinople le 26 juin 1768, par son confrère Mgr Joseph Roverani, le nouvel évêque ne fit que paraître dans le diocèse qu'il avait évangélisé avec un zèle au-dessus de tout éloge et grandement édifié par ses vertus. En

(1) Les Baptistins étaient venus en Bulgarie en 1753. En 1810, leur Congrégation fut dispersée comme toutes les autres. Après la chute de Napoléon Ier et la rentrée du pape Pie VII à Rome, ils firent d'inutiles efforts pour rentrer en possession de leur maison qui avait été vendue. Ils ne purent se réunir et s'éteignirent. Ils avaient envoyé déjà des missionnaires en divers lieux d'Orient et avaient eu plusieurs évêques remarquables.

janvier 1769, se trouvant à Oresc pour la visite épiscopale, il fut saisi d'une fièvre violente qui l'emporta en quelques jours, laissant ses frères les missionnaires et le diocèse dans la désolation.

Sept ans après, Mgr Paul Dovanlia, Bulgare, élève de la Propagande, était sacré à Constantinople évêque de Nicopolis (1777-1804).

Sous l'épiscopat de ce dernier prélat, le Saint-Père Pie VI voulut pourvoir, d'une manière plus fixe et plus efficace, aux besoins spirituels de la Mission bulgare si douloureusement éprouvée. Il jeta les yeux sur l'humble Congrégation de la Très-Sainte-Croix et Passion de Notre-Seigneur Jésus-Christ, fondée en 1728 par saint Paul de la Croix. C'est en 1781 que, sur les ordres du pape Pie VI et fortifiés par sa bénédiction paternelle, les deux premiers Passionistes vinrent en Bulgarie. Peut-être les nouveaux venus trouvèrent-ils encore quelques Baptistins.

Bientôt cependant ils furent seuls et commencèrent avec courage à cultiver la nouvelle vigne confiée à leurs soins. Les guerres et la peste, ainsi que des difficultés continuelles, obligèrent les missionnaires à quitter plus d'une fois le pays. Mais ils y retournèrent toujours, emmenant de temps à autre des renforts. En 1805, le 21 septembre, à Rome, le R. P. François du Divin Amour, Ferreri, qui avait été deux fois en Bulgarie, fut sacré évêque de Nicopolis. C'était le troisième Passioniste que le Saint-Siège honorait de la plénitude du sacerdoce, et le premier à qui il confiait l'Église de Nicopolis.

Que d'événements précédèrent et remplirent l'épiscopat de ce fils de Saint-Paul de la Croix! Le grand Pontife Pie VI, arraché de son trône, traîné loin de l'Italie et mourant en exil!... Pie VII, son successeur, enlevé à son tour de sa capitale, traîné de ville en ville, détenu dans une dure captivité durant cinq années, et enfin délivré providentiellement, et rentré triomphant dans Rome! La France bouleversée, horriblement ensanglantée par la plus affreuse révolution. Toute l'Europe occidentale parcourue, piétinée par Napoléon Ier Bonaparte à la tête de ses troupes victorieuses, et bientôt réunie sous son sceptre. La Russie qui envahit l'Empire ottoman. Cet Empire bouleversé dans sa capitale par la déposition et le meurtre de ses souverains Sélim III et Mustapha IV. La Bulgarie, alors province de cet Empire, bien troublée et ravagée par la faute de son Pacha, Mustapha-Baïractar, devenu grand-vizir. En un mot, la guerre avec ses horreurs remplit l'épiscopat de Mgr F. Ferreri. Les horreurs non moins redoutables de la peste succédèrent à celles de la guerre. L'évêque de Nicopolis en fut une des nombreuses victimes. Il succombait à Ciopla le 30 novembre 1813.

Malgré les troubles et le tumulte qui les entouraient, l'évêque et les missionnaires s'employaient activement au bien des fidèles catholiques bulgares. Tout en soignant leurs âmes, ils travaillaient à leur procurer le repos et la sécurité, les éloignant de toute immixtion dans les partis politiques, et les maintenant dans la soumission au Gouvernement établi et dans le respect dû au souverain. Ils travaillèrent encore à les réunir autant que possible. Car leur dispersion en petit nombre dans des postes nombreux rendait non seulement difficiles et fatigants, mais même inutiles, les travaux entrepris pour leur salut. Les Grands Seigneurs finirent par comprendre ces choses, et commencèrent à montrer de la bienveillance envers nos catholiques, les missionnaires et l'évêque. Aussi, à part des faits particuliers, dont le Gouvernement n'était pas directement responsable, la grande majorité de ses employés étaient-ils pleins d'attention pour nos fidèles. Le souverain même contribua plus d'une fois à la construction de nos édifices religieux, notamment le sultan Abdul-Aziz.

Mgr Fortuné Ercolani succéda en 1815 (1) à Mgr F. Ferreri. Le nouvel évêque, ancien missionnaire, continuait les œuvres de son prédécesseur. Mais la Congrégation des Passionistes avait subi le sort des autres, et quoiqu'une des premières à se rallier, les sujets lui manquaient pour venir en aide à l'évêque de Nicopolis. Mgr F. Ercolani s'adressa donc au Bienheureux Clément Hofbauer, supérieur des Rédemptoristes d'Allemagne, qui envoya plusieurs de ses frères à Bucharest, résidence de l'évêque. Les fils de Saint-Alphonse travaillèrent au salut des âmes avec un zèle au-dessus de tout éloge; ils furent d'un grand secours pour l'évêque et lui causèrent de grandes joies. Malheureusement ils durent s'arrêter aux environs de Bucharest, et peu de temps après se retirèrent. C'était en 1821; il y avait cinq ans qu'ils étaient venus dans la Mission.

Mgr F. Ercolani, ayant été transféré à Civita-Castellana, en Italie (avril 1822), avait pour successeur à Nicopolis (2) Mgr Joseph Molaïoni (1825-1847). L'auteur de la *Vie du Bienheureux Clément,* chapitre xx, dit en peu de mots l'état où se trouvait la Mission à cause du petit nombre de missionnaires, ainsi que les privations et les grandes fatigues auxquelles ils devaient s'astreindre. Le nouvel évêque, sans se laisser abattre, se dépensa, encourageant ainsi ses confrères et ses prêtres. Il se retira en 1847, alors que ses forces étaient épuisées et qu'un terrible incendie eut anéanti tous ses meubles et tous ses écrits déposés à la Baratia de Bucharest (3).

(1) Mgr Ercolani fut consacré à Vienne par le Nonce Apostolique.

(2) Le P. Joseph de la Passion (Molaioni) était son vicaire général. Il fut consacré le 25 septembre 1825 dans la basilique des Saints-Jean et Paul par le cardinal Spina.

(3) La Baratia, antique paroisse de Bucharest, fondée par les Franciscains en 1666. Le dernier Passioniste qui l'a gouvernée, le R. P. Augustin de la Passion (Struzzina), y est mort le 7 mai 1900. Dans la nef de gauche, on a placé une plaque commémorative rappelant qu'il a restauré la belle église paroissiale.

Mgr Ange Parsi lui succéda (1848-1863). Après quatorze ans de fatigues, lui aussi épuisé par les travaux et accablé par la maladie, s'était retiré à Civitavecchia, sa patrie, pour se soigner, mais il mourait bientôt, laissant la place à son confrère, Mgr Antoine-Joseph Pluym, qui eut l'honneur de représenter le diocèse de Nicopolis au Concile œcuménique du Vatican. Créé archevêque de Thyane par Pie IX en 1870, et envoyé à Constantinople, cet illustre Prélat consacra le reste de ses jours à l'administration de ce patriarcat, où il a laissé un durable souvenir (1).

Mgr Ignace-Félix Paoli lui avait succédé sur le siège de Nicopolis (1871-1883). Les travaux de cet évêque en faveur de la double Mission, dont il avait hérité de ses prédécesseurs, sont encore présents à toutes les mémoires, et les monuments élevés par son zèle les rappelleront aux générations futures.

De grands événements politiques et religieux s'accomplissaient dans la péninsule des Balkans durant l'épiscopat de Mgr I.-F. Paoli. La Roumanie recevait son premier roi dans la personne de S. M. Charles Ier de Hohenzollern, et l'évêque de Nicopolis présidait aux fêtes de la proclamation, appelant sur le nouveau monarque toutes les bénédictions célestes. En 1877, la Bulgarie, à son tour, recouvrait son autonomie perdue depuis plus de trois siècles, et recevait avec enthousiasme son nouveau souverain dans la personne de S. A. le prince Alexandre de Battemberg. Celui-ci s'étant retiré peu de temps après, les Bulgares saluaient de tout cœur l'avènement de S. A. R. le prince Ferdinand

(1) Mgr Antoine-Joseph Pluym était natif de Rotterdam, en Hollande. Entré dans la Congrégation des Passionistes en 1851, il fut le premier provincial de notre province franco-belge (1857-1863). Élu évêque de Nicopolis et sacré à Rome le 18 octobre 1863, il resta dans la Mission de Bulgarie jusqu'en l'année 1869. Créé archevêque de Thyane en 1870 et nommé vicaire patriarcal de Constantinople, il mourut pieusement dans cette ville le 17 janvier 1874.

de Saxe-Cobourg, heureusement régnant. A la suite de ces changements politiques, le Saint-Siège, toujours occupé du bien et du salut de ses chers Bulgares, voulut leur donner un évêque pour eux seuls.

Depuis le XVIIe siècle, l'évêque de Nicopolis était aussi chargé de l'administration de la Valachie. Le pape Léon XIII fit de cette province un diocèse séparé et créa l'archevêché de Bucharest, qui fut confié à Mgr Paoli (1), et le 3 mai 1883 il faisait sacrer à Rome, comme évêque de Nicopolis résidant en Bulgarie, Mgr Hippolyte-Louis Agosto. C'était le septième Passioniste qui portait ce titre, et le second prélat qui le portait exclusivement depuis le rétablissement de ce siège en 1648.

Devant ce rapide et pâle exposé, les attentions, les soins paternels des Pontifes romains pour les Bulgares catholiques, le zèle continuel et actif de ces Pontifes pour le bien et les âmes de ces chers Bulgares, ne paraissent-ils pas dans toute leur grandeur et dans toute leur étendue? Saint Nicolas Ier ne recula devant aucun sacrifice pour convertir les Bulgares, les instruire et les rendre heureux en en faisant de bons chrétiens. Tous ses successeurs, jusqu'à Léon XIII qui vient de quitter cet exil, ont fait de même. Heureux les Bulgares fidèles! Gloire à eux, car leur histoire est parsemée d'héroïques vertus chrétiennes, cachées, il est vrai, aux regards des mortels, mais que

(1) Mgr Ignace-Félix Paoli, natif de Sainte-Marie de Vezzano, au diocèse de Florence, était entré dans la Congrégation des Passionistes en 1843. Envoyé en Angleterre, il gouverna notre province anglo-hibernienne durant plusieurs années comme provincial. Rappelé à Rome en 1869, peu de temps après il était élu évêque de Nicopolis; en 1883, Mgr I.-F. Paoli devint archevêque de Bucharest. Après avoir achevé sa cathédrale, il désirait beaucoup de bâtir son grand séminaire. Il était parti pour quêter dans ce but, quand, se trouvant à Vienne, il fut frappé d'un coup d'apoplexie et s'endormit dans le Seigneur le 27 février 1885. Sa dépouille mortelle, ramenée à Bucharest, repose dans une chapelle du cimetière de cette ville. Son successeur a été Mgr Paul-Joseph-Antoine Palma, romain de naissance.

Celui à qui rien n'est voilé saura faire connaître en son temps, pour sa plus grande gloire. Et ils ne sont que le petit nombre, ces Bulgares fidèles... 15,000 catholiques (1), à côté de 200,000 musulmans et de 1,300,000 schismatiques. Que c'est peu, hélas !

Laissons les musulmans, mais vous, antique peuple bulgare, pourquoi vous attarder ainsi dans les voies tortueuses où de malheureux égarés vous ont tristement et traîtreusement entraîné ? L'histoire vraie et impartiale nous dit assez ce que furent les Photius et les Michel Cérulaire ainsi que leurs premiers adhérents. La chaleur du premier moment, l'inexactitude des rapports, la difficulté des correspondances et, plus tard, l'ignorance causée par le joug des Turcs ont entraîné bien des intelligences beaucoup plus loin qu'elles ne le pensaient. Mais depuis !... et surtout de nos jours où, parmi le clergé bulgare, il y a des intelligences cultivées, comment ne point vous tourner vers cette Rome immortelle d'où, comme pour vos ancêtres, peut vous venir le salut ? Que craignez-vous ? Le Pontife romain, seul légitime successeur de saint Pierre et Vicaire de Notre-Seigneur Jésus-Christ, est un Père. Comme Celui qu'il représente, il condamne tout ce qui est mal, frappe de ses anathèmes tout ce qui est contraire à la loi et à la doctrine du Très-Haut, mais reçoit quiconque vient à lui. Il pardonne, relève, défend, protège et ne recule devant aucun sacrifice, quand il s'agit de la religion de Jésus-Christ et de ses fidèles adhérents. Ici encore l'histoire des vingt siècles de notre christianisme est pleine de ce qu'ont accompli les Pontifes romains en faveur de la religion et de ses ministres, rappelez-vous les Athanase, les Jean Chrysostome, les Cyrille, les Méthode, ces lumières éclatantes de l'Église en votre Orient. Vous crain-

(1) Nous parlons seulement de la Bulgarie du Nord.

driez pour vos rites, vos pieux usages ? Mais comment le Pontife romain condamnerait-il ce qu'il a admis et solennellement approuvé, ce qu'il loue et recommande de conserver avec soin ? Et comment vous arrêteriez-vous devant un mot ?... Serait-ce donc la première fois qu'on expliquerait le symbole ? Et une explication pourrait-elle jamais être un juste motif de division, de séparation, de guerre, de schisme ? Et ne parlons pas de domination,... d'orgueil. N'est-ce pas notre divin Rédempteur lui-même qui a établi saint Pierre chef de son Église ? N'est-ce pas à saint Pierre qu'il a confié le gouvernement et la direction de cette Église, ainsi que de tous ses membres, des brebis comme des agneaux ? A saint Pierre qu'il a promis l'indéfectibilité dans la foi, à lui qu'il a confié le soin de raffermir ses frères ? Pourquoi donc continuer à marcher loin de la direction de saint Pierre ? Voyez, je vous prie, une chose que vous trouverez certainement digne de toute votre attention.

Depuis la séparation de Rome, la sainteté et le miracle ont quitté l'Orient. Ce noble Orient, où jadis il n'y avait pas de province, de ville, de monastère où il n'y eût de saints... nous les honorons ces saints, pontifes, prêtres, moines, religieuses, simples laïques. Leurs titres glorieux sont inscrits dans le Martyrologe romain, et il ne se passe de jour sans qu'à côté des noms célèbres d'Antioche, d'Alexandrie, de Jérusalem, de Constantinople et d'Athènes, ne retentissent les noms de cette multitude de villes et de monastères qui, depuis des siècles, ont disparu de la carte géographique, mais qu'ont rendus immortels les saints qui les ont illustrés. La séparation de Rome au XIe siècle a tari la source de leur héritage, tandis qu'en Occident, dans tous les pays restés unis au Siège apostolique de Pierre, la sainteté n'a jamais cessé de fleurir, et les eaux de cette source céleste coulent avec abondance jusqu'à nos jours. Les preuves en sont palpables. Ainsi en est-il encore du miracle. Il y a bien des siècles que les merveilles des Blakernes (1) n'ont paru sous ce beau ciel d'Orient. L'auguste et immaculée Mère de notre Dieu, que vous honorez pourtant, ne montre plus sa maternelle puissance et, comme les saints, n'opère plus de prodiges parmi vous. Tandis que dans toutes les contrées de l'Occident, restées unies et soumises au Pontife romain, la toute sainte Mère de Dieu, comme vous l'appelez si bien, opère sans cesse, pour ainsi dire, des miracles éclatants. Ici encore les preuves sont incontestables.

Je prie Notre-Seigneur Jésus-Christ et sa très digne Mère de déchirer le voile qui couvre vos yeux, d'ôter les obstacles et d'aplanir les difficultés, afin que vous puissiez voir la lumière, reconnaître la vérité, prendre la voie droite qui vous conduirait vers un chef sûr, chef que naguère encore vous avez cherché en vain. Et ainsi, sous la direction de ce chef, qui n'est autre que le Pontife romain, vous trouviez la vie, la paix et le bonheur.

Dans ces humbles pages que nous avons consacrées au dernier évêque catholique de Nicopolis décédé en Bulgarie et dont les restes mortels reposent parmi vous attendant la résurrection, nous avons voulu vous montrer une fois de plus que la sollicitude des Pontifes romains et l'amour de l'Église romaine pour vous n'ont point cessé, mais qu'ils sont aussi vivaces que lorsqu'au IXe siècle ils arrachaient vos glorieux ancêtres des profondes ténèbres de l'idolâtrie. Plaise au ciel que nous ayons réussi !

(1) Les Blakernes étaient un faubourg de l'antique Byzance. Dans ce lieu il y avait un célèbre sanctuaire de la Très Sainte Vierge, où cette auguste Reine des cieux opérait beaucoup de prodiges. C'est dans ce sanctuaire que saint Taraise, saint Nectaire et saint Germain, patriarches de Constantinople, ont prononcé bon nombre des beaux discours et homélies que nous lisons dans le Bréviaire romain aux différentes fêtes de la Sainte Vierge.

Si la lecture de ces modestes lignes faisait du bien à votre cœur, ô Bulgares, nos frères, jamais nous ne pourrons témoigner assez notre reconnaissance à Jésus-Christ, notre Dieu, et à sa divine Mère, de nous avoir donné les forces et les moyens de mener à bonne fin notre humble entreprise.

Roustchouk, le 8 décembre 1904, cinquantenaire de la fête de l'Immaculée-Conception de la Très Sainte Vierge Marie, très digne Mère de Dieu.



---

# MONSEIGNEUR HIPPOLYTE-LOUIS AGOSTO

## (1838-1893)

---

## CHAPITRE PREMIER

### NAISSANCE, ENFANCE, PREMIÈRES ÉTUDES

A San-Bartolomeo, paroisse de la commune d'Andora (1), au diocèse d'Albenga, en Italie, naissait, le 29 juin 1838, celui qui devait s'appeler Mgr Hippolyte-Louis Agosto, évêque de Nicopolis, en Bulgarie. Au saint baptême, qui lui fut conféré le 1er juillet, il reçut les noms de Louis-Pierre-Éléazar. Il était le troisième fils des époux Jean-Baptiste Agosto et Magdeleine Divizia, honnêtes habitants de San-Bartolomeo. Ces époux chrétiens jouissaient d'une fortune qui leur permettait de prendre rang parmi les propriétaires aisés de la localité. Ils étaient surtout vertueux, aussi élevèrent-ils leurs sept enfants dans la crainte de Dieu.

Rien cependant ne parut distinguer leur dernier fils de ses aînés. Mais, en grandissant, on remarqua bientôt chez lui une grande réserve, une modestie particulière ainsi qu'un grand éloignement des jeux.

(1) Andora est sur la Méditerranée, entre Finale et Cervo, à l'entrée d'une longue et étroite vallée à laquelle elle donne son nom. La Merula-Andora, petit courant d'eau qui, après les grandes pluies, devient pour quelques heures un fleuve, ou plutôt un torrent fougueux qui jette ses eaux à la mer, traverse la vallée dans toute sa longueur et baigne les paroisses de Saint-Pierre, de San-Bartolomeo, de Cona, et autres, échelonnées sur ses rives.

Ces heureuses dispositions de l'enfant n'échappèrent point au regard pénétrant du pieux curé qui l'avait baptisé, M. l'abbé Jean Ardoino (1). Il désira donc s'en occuper. Les parents permirent avec joie que le jeune Louis se rendît au presbytère pour recevoir des leçons de grammaire. M. le curé de San-Bartolomeo, en effet, se plaisait à employer les loisirs que lui laissait le saint ministère à l'instruction de jeunes enfants. Ceux en qui il découvrait la vocation sacerdotale ou religieuse, il les préparait, par des leçons de latin, à être admis au séminaire diocésain, ou au noviciat de l'Ordre et de la Congrégation vers lesquels ils se sentaient attirés.

Louis Agosto se distingua en peu de temps de ses condisciples, tant par son application que par les progrès dans l'étude et la vertu, aussi M. le curé s'occupa-t-il à lui obtenir une place au séminaire d'Albenga. Déjà Louis avait manifesté son désir de quitter le monde et d'entrer dans l'Institut fondé par saint Paul de la Croix dont M. le curé lui avait fait lire la vie. Mais, soit que ce désir ne parût pas bien ardent au vénérable prêtre, soit encore qu'il voulût

(1) M. l'abbé Jean Ardoino, originaire de Tovofaraldi, appartenait à une honnête famille de cultivateurs. Vers l'âge de dix-huit ans, il entra dans la Congrégation des Passionistes, mais se retira quelques années après. Ayant fini ses études au séminaire d'Albenga, il gouverna successivement les paroisses de San-Bartolomeo, de San-Fedele et de Borganzo. C'est dans cette dernière paroisse fort importante qu'il mourut déjà âgé le 24 août 1879. C'était un prêtre instruit, pieux et zélé. Avant le jeune L. Agosto, il avait dirigé vers la Congrégation des Passionistes les deux frères François et Sébastien-Henri de Tovofaraldi. Le premier, nommé R. P. Bernardin du Très-Saint-Sacrement, envoyé en Belgique puis en France, évangélisa la Gironde, le Nord et le Pas-de-Calais. Il gouverna pendant six ans (1863-1869) la province franco-belge, en qualité de provincial, et mourut pieusement à Ère, près Tournai, le 2 février 1873. Le second, R. P. Sébastien de la Purification, envoyé également en France, fut comme l'apôtre du Pas-de-Calais ; chassé de France par les décrets de 1880, il s'était réfugié en Angleterre. Le 15 novembre 1881, il mourut à la suite d'un accident de chemin de fer.

Après ces deux frères, M. le curé J. Ardoino envoyait encore chez les Passionistes le jeune Pierre Lanfredi, de sa paroisse. Sous le nom de R. P. Candide de Saint-Pierre, ce religieux mourait missionnaire en Bulgarie le 8 février 1883.

éprouver ce désir et cette vocation naissante, l'excellent curé envoya le jeune Agosto à Albenga.

Au séminaire, Louis ne fit que progresser dans les études et dans la piété. Durant les deux années qu'il passa au séminaire, il s'y distingua de manière à y laisser des impressions et des souvenirs aussi flatteurs qu'ineffaçables; car longtemps après, en 1877, ayant dû passer par Albenga, Mgr Pierre-Anaclet Siboni, successeur de Mgr Raphael Biale, lui offrit une paroisse très importante s'il consentait à rester dans le diocèse.

---

## CHAPITRE II

### VOCATION. — NOVICIAT. — PROFESSION (1854-1855)

Le désir d'embrasser la vie religieuse ne fit que croître dans le cœur de Louis Agosto, durant ses études au séminaire. Sa vocation à l'Institut de la Passion devint de plus en plus évidente. Il se décida donc à la suivre. Et malgré tout ce qui l'engageait à rester dans sa famille et dans le diocèse d'Albenga, il résolut de leur dire adieu.

Toujours guidé et aidé par son respectable curé, et ayant obtenu les plus flatteuses recommandations de l'évêché, il disait adieu à ses vénérés parents et partait pour Rome dans le mois de mars 1854.

La Congrégation de la Sainte-Croix et Passion de Notre-Seigneur Jésus-Christ avait alors à sa tête le Révérendissime Père Antoine (II) de Saint-Jacques, religieux illustre par sa science et ses vertus religieuses. Il reçut le nouveau postulant génois avec effusion, et l'envoya faire son noviciat à la retraite de l'Ange, près de Lucques (1).

Dans tout Ordre, Congrégation ou Institut religieux, le noviciat est le temps durant lequel il se fait une double épreuve. L'aspirant éprouve ses forces, examine ses inclinations pour voir si elles cadrent avec les désirs de son

(1) La Congrégation des Passionistes doit cette retraite (maison) à la munificence de S. A. R. Charles de Bourbon, duc de Lucques, père du duc de Parme Charles III, cruellement assassiné en 1853. Ce sont les ancêtres de S. A. R. Marie-Louise de Bourbon, princesse de Bulgarie.

Fille de S. A. R. Robert I^er^ de Bourbon, duc de Parme, cette princesse épousait en 1893, 20 avril, S. A. R. Ferdinand I^er^ de Saxe-Cobourg-Gotha, prince de Bulgarie. Par ses vertus elle fit la gloire du trône bulgare, la joie et le bonheur de son auguste époux. Le 31 janvier 1899, une mort prématurée vint l'arracher à la tendresse de ses enfants, laissant dans l'affliction et le deuil le prince son époux et tout le peuple bulgare. Sa dépouille mortelle repose dans la cathédrale de Philippopolis, dans un magnifique mausolée.

cœur qui l'attirent vers l'Ordre ou l'Institut qui lui a ouvert sa porte et ses bras. L'Institut, de son côté, éprouve soigneusement le candidat, et, par des hommes choisis et destinés à cet office, s'assure si le postulant est véritablement appelé au genre de vie religieuse tel qu'on le pratique d'après les règles spéciales approuvées par l'Église. Il voit si les dispositions extérieures et intérieures du novice sont de nature à ce qu'il puisse être admis à observer ces règles, et à entreprendre l'œuvre de sa perfection dans la Congrégation qui l'a reçu. Alors seulement il se dispose à l'admettre définitivement et pour toujours par la profession religieuse des vœux.

Dans l'humble Congrégation des Passionistes, le temps de probation dure une année entière. L'observance exacte du règlement du noviciat ; la ponctualité aux services réguliers du jour et de la nuit ; la mortification extérieure des sens, spécialement des yeux ; la mortification intérieure par l'abnégation de soi-même surtout ; et tout particulièrement une obéissance prompte, simple, entière, aveugle même, sont les choses demandées au novice passioniste, dans lesquelles il est instruit, exercé continuellement par un maître qui, toujours à ses côtés ou à sa disposition, doit lui prêcher autant par l'exemple que par la parole

Le Passioniste, en effet, doit toujours s'efforcer d'être dans son cœur ce que son habit, sanctifié par la Reine des cieux, le montre aux regards des hommes. Ce saint habit, par sa couleur obscure, sa simplicité et sa modestie, donne aussitôt à ceux qui le considèrent des pensées d'éloignement du monde, d'austérité et de dépouillement de tout ce qui est terrestre. Le novice passioniste doit donc, durant l'année de sa probation, s'exercer à détacher son cœur de toutes les choses extérieures et de soi-même, il doit se mortifier extérieurement et intérieurement. Il doit s'exercer à l'amour de la solitude profonde où Dieu l'a appelé, et s'efforcer d'acquérir l'esprit propre de l'Institut de la Passion, esprit de solitude, de mortification et d'oraison au pied du Crucifix. Ce dernier point est d'une importance extrême, car on sait que l'oraison mentale surtout est le fondement de la vie intérieure et de la perfection. Et, sans ce feu divin qui, au dire du Psalmiste, s'allume dans les cœurs durant la méditation, il sera toujours bien difficile de se détacher des biens éphémères d'ici-bas et de vivre, comme l'Apôtre, crucifié avec Jésus-Christ. Aussi le novice passioniste est-il tout spécialement exercé à l'oraison mentale ; il y est instruit et appliqué journellement. Le sujet de cette oraison est la Passion de Jésus-Christ, selon l'esprit propre de l'Institut. C'est d'après les progrès que le novice fait dans ce saint exercice, dans le soin qu'il met, dans les efforts qu'il fait pour reproduire en lui tout ce qui lui est enseigné, que le Maître voit s'il y a espoir qu'il soit, durant sa vie entière, un religieux devant Dieu et devant les hommes, et si conséquemment il peut être admis à prononcer les vœux de religion.

Le jeune Louis Agosto avait seize ans quand il arrivait à notre noviciat de Lucques. Ayant pris place parmi les étudiants, selon l'usage de la Congrégation, le maître des novices changea son nom et lui donna celui de confrère Hippolyte de Saint-Louis. Le 29 mars, il revêtit le saint habit de la Passion. Le maître des novices était alors le R. P. Pacifique de Saint-Joseph.

La cérémonie de la vêture de l'habit religieux laisse toujours, et dans ceux qui en sont témoins, et surtout dans ceux qui en sont l'objet, des impressions ineffaçables. Dans l'Institut de la Passion spécialement, le dépouillement des habits séculiers, l'imposition de la croix sur les épaules, de la couronne d'épines sur le front avec les formules de prières particulièrement touchantes et significatives, émeuvent et impressionnent au plus haut point. Aussi, durant le noviciat, le fréquent souvenir de ce jour et de ces moments est-il un stimulant efficace pour le novice qui aime à se les rappeler et s'efforce d'en profiter.

Nul doute que le confrère Hippolyte n'ait travaillé, pendant toute l'année de sa probation, à être un bon novice passioniste, afin d'être plus tard un vrai religieux passioniste. Certes, il a posé dans l'heureuse année de son noviciat le fondement solide de la haute perfection à laquelle Dieu le destinait. Le maître des novices qui l'avait eu toujours sous les yeux, qui connaissait toutes ses dispositions, en donna le meilleur témoignage, et ce témoignage décisif réunit, comme on le pense bien, tous les votes des Révérends Pères réunis en Chapitre. A l'unanimité, le confrère Hippolyte fut admis à la profession.

La profession religieuse! Pourra-t-on jamais dire ce que l'âme éprouve en ce moment solennel? Ce qui se passe en elle en ce contrat sublime, en cette union mystique qu'elle contracte avec l'Époux céleste, s'unissant à Lui par les liens si doux et si nobles des vœux de Pauvreté, de Chasteté et d'Obéissance! Le Passioniste en ajoute un quatrième à ces vœux fondamentaux de la religion : celui de propager selon ses forces, dans le cœur des fidèles, le souvenir salutaire de la Passion de Notre-Seigneur Jésus-Christ. C'est le vœu qui distingue l'Institut de la Passion de tous les autres Ordres. Le confrère Hippolyte prononça ses vœux le 30 mars 1855. Il commençait sa dix-septième année.

---

## CHAPITRE III

### ÉTUDES. — PRÊTRISE. — PROFESSORAT

Après que le jeune Passioniste a prononcé ses vœux, la Congrégation l'applique à l'étude. S'il n'a pas fini ses humanités avant son admission, il faut qu'il les achève. Et, progressivement, par l'étude des classiques, de la philosophie et de la théologie, il se dispose à la réception des Ordres sacrés auxquels il n'est présenté, pour l'ordinaire, qu'après cinq ans de congrégation.

Le temps des études est pour le Passioniste comme une continuation du noviciat. Le lecteur (professeur) qui est chargé de l'instruire est habituellement celui qui le dirige dans la spiritualité, et il doit continuer l'œuvre que le maître des novices a commencée. Souvent, pendant ce temps laborieux, Dieu visite le jeune Passioniste par diverses épreuves extérieures et intérieures, parfois même les deux ensemble. La plus fréquente de ces épreuves, c'est la maladie. Heureux le jeune fils de Saint-Paul de la Croix qui, employant avec fidélité les moyens indiqués par les règles qu'il a professées, demeure ferme dans ce temps d'épreuve, ne se relâche point dans l'observance et ne s'écarte point des recommandations qu'on lui a faites et des instructions qu'on lui a données durant le noviciat ! Il atteindra son but et avancera dans la perfection, alors même qu'il lui semblerait défaillir ! Que si, se laissant aller à une malheureuse présomption, il ne tient que peu ou point compte de tout ce qui lui a été dit ou recommandé, volât-il comme un aigle au-dessus des nues, il ne finira jamais que par tomber lourdement et disparaîtra dans l'opprobre.

Le P. Hippolyte ne fut point épargné par l'épreuve. La maladie le visita souvent ; mais il sut rester fidèle, et, fortifié par la grâce qu'il tâchait de conserver, il avançait dans ses études et dans la vertu. Les supérieurs n'eurent donc aucune difficulté pour le présenter à la réception des Ordres sacrés. Après le sous-diaconat et le diaconat, qu'il reçut au temps voulu, le 21 septembre 1861, il recevait l'onction sacerdotale à Viterbe, des mains de Mgr Gaëtan Bedini, archevêque-évêque de cette ville. On sait qu'après ces jours inoubliables, longtemps encore on entend retentir au fond de son cœur les paroles du Maître divin : *Jam non dicam vos servos... sed amicos.* On entend retentir à ses oreilles les dernières paroles du pontife qui a imposé ses mains sacrées : *Pax Domini sit semper tecum...* Plût au ciel qu'aucun prêtre ne les oubliât jamais!.. Le R. P. Hippolyte semble les avoir toujours eues présentes à son esprit, ainsi que la suite nous le fera voir.

Durant ses études, avec la pratique de la vertu, il avait donné des preuves de talent. C'est pourquoi, après son ordination sacerdotale, il fut appelé à Rome et chargé d'enseigner la philosophie à ses jeunes confrères. Le R. P. Hippolyte exerça cette charge un certain temps et s'en acquitta de manière à contenter grandement ses supérieurs. Ceux-ci trouvèrent qu'il avait fait ses preuves et s'était suffisamment préparé à l'apostolat. Ils l'envoyèrent donc vers notre Mission d'Orient au mois de septembre 1867.

---

## CHAPITRE IV

### MISSIONNAIRE EN VALACHIE ET BULGARIE, 1867-1873

Quand le R. P. Hippolyte de Saint-Louis arrivait dans ces régions orientales, il y avait plus de quatre-vingts ans que nos confrères passionistes évangélisaient les bords du Danube. En ce temps, la Mission avait à sa tête Mgr Antoine-Joseph Pluym, prélat dont la science, la vertu et le savoir-faire méritèrent plus d'une fois les louanges de l'immortel Pie IX.

Le R. P. Hippolyte fut reçu à bras ouverts par l'évêque qui, connaissant ses aptitudes et sa vertu, le plaça de suite à Rimnik-Vulceo (Rimnicâ-Vâlcii), ville située aux pieds des Carpathes sur le fleuve Aluta (Oltu). Dans ce poste important le nouveau missionnaire devait aider ses confrères à se perfectionner dans leur difficile ministère. Lui-même étudiait la langue du pays, le roumain, afin de pouvoir répondre de mieux en mieux aux vues de Dieu sur lui. Plus tard, à l'étude de cette langue le R. P. Hippolyte ajouta l'étude de l'allemand, du bulgare et du français. Ses efforts lui permirent d'arriver à pouvoir prêcher dans ces différents idiomes, surtout en roumain et en allemand, de manière à exciter l'admiration de ses auditeurs. Dans cet Orient, en effet, plus on possède d'idiomes, plus on est en état de sauver les âmes.

En 1870, Mgr Ignace-Félix Paoli, successeur de Mgr A.-J. Pluym, se rendant à Bucharest, sa résidence, passait par Roustchouk. La colonie catholique de cette cité le reçut avec de grandes marques de joie et en très grand respect. Profitant de cette heureuse rencontre, les principaux fidèles, surtout les consuls des différentes nations d'Occident, prièrent Sa Grandeur de leur donner un prêtre qui résiderait dans cette ville, alors capitale de la Bulgarie.

L'évêque accueillit la demande avec bonté et promit d'y faire droit le plus tôt possible. Arrivé dans sa résidence, Mgr I.-F. Paoli se mit en devoir de tenir sa promesse. Le mérite et les aptitudes du R. P. Hippolyte lui furent bientôt connus. Il voulut de suite s'en servir, tant pour fonder de nouveaux postes que pour en faire prospérer d'autres qui languissaient. Il l'appela donc et le conduisit lui-même à Roustchouk, où il l'installa solennellement, le recommandant à la charité des fidèles, et particulièrement à la protection de MM. les consuls d'Autriche-Hongrie, de France et d'Italie.

La station de Roustchouk avait été fondée en 1860 par Mgr Ange Parsi, prédécesseur de Mgr Pluym. Par les soins de l'évêque et son assistance, les fidèles avaient acheté un terrain et, puissamment aidés par M. Luc Clician, d'une famille très chrétienne et fort aisée de Routschouk, ils étaient parvenus à bâtir une chapelle, que Mgr A. Parsi avait fait bénir. Mais, jusqu'à l'époque où nous sommes arrivés, les missionnaires passaient de temps en temps pour visiter les fidèles et ne résidèrent point. Le R. P. Hippolyte fut donc le premier qui s'établit auprès de la chapelle. Celle-ci était pauvre et bientôt devint insuffisante. M. le consul d'Autriche-Hongrie, ses collègues, ainsi que la famille Clician, toujours très dévouée, aidèrent grandement le missionnaire qui les ravissait et les édifiait par son zèle et par ses vertus apostoliques. La chapelle fut agrandie à plusieurs reprises et devint une modeste église surmontée de son clocher. La chrétienté de Roustchouk était composée de fidèles, venant, pour ainsi dire, de toutes les contrées de l'Occident : Allemands, Anglais, Français, Italiens, Grecs, etc. Le Révérend Père missionnaire se faisait tout à tous sans distinction. Il recevait tout le monde et s'efforçait de gagner tous les cœurs à Jésus-Christ.

Tandis qu'il était ainsi occupé, dans les derniers jours du mois de mai 1873, lui arriva ordre de son évêque l'appelant à Bucharest. Il s'y rendit sans retard et apprit que Monseigneur l'envoyait curé à Braila, paroisse de

3,200 fidèles. A peine fut-il installé dans ce nouveau poste, que, profitant d'heureuses circonstances, il se mit à restaurer l'église paroissiale et le presbytère, qui en avaient grand besoin. Le ministère était plus facile dans cette localité, car le R. P. Hippolyte connaissait la langue du pays. Les habitants l'avaient très bien reçu et répondaient grandement à son zèle. Cependant, à Routschouk, malgré les vertus et le dévouement de ses successeurs, toutes les affections étaient pour lui ; on ne pouvait se consoler de son départ. MM. les consuls de France et d'Italie surtout firent des instances auprès de l'évêque pour le retour du Révérend Père à Roustchouk, assurant Sa Grandeur que le P. Hippolyte seul remplacerait amplement ceux qui lui avaient succédé. Monseigneur se rendit aux vœux de ces personnages, et, dans les premiers jours de septembre de la même année, il renvoya le missionnaire à son ancien poste.

Le R. P. Hippolyte raconte dans ses mémoires le voyage qu'il fit à cette occasion. « Je partis donc de Bucharest pour rentrer à Roustchouk. Mais, pour y arriver, ce n'était pas facile, car il fallait subir la quarantaine, et ceux qui voulaient l'éviter devaient aller jusqu'en Serbie, et de là se rendre à Viddin par terre, afin de s'embarquer sur le bateau turc. Le voyage était ainsi grandement doublé, et l'argent faisait défaut. C'était inutile d'en demander à l'évêque. C'est pourquoi je résolus de partir avec les quelques francs qui étaient à ma disposition, me contentant d'arriver jusqu'à Giurgevo, et remettant le reste à la Providence.

« Arrivé dans cette ville où j'avais quelques amis, je célébrai la sainte Messe, et, après avoir exposé l'état où je me trouvais, je fis une petite quête bien fructueuse, laquelle, jointe aux dons de mes amis, me permit de continuer le voyage. Arrivé à Turnu-Magurele pour le dimanche, je célébrai et prêchai, et la quête fut aussi abondante. De plus, MM. Starck et Bucher me donnèrent une bonne aumône et m'obtinrent le passage gratis sur le bateau jusqu'à Raduevac où j'arrivai vers 4 heures du soir. C'était déjà la saison des pluies; aussi les routes étaient-elles de vrais marais. Quoiqu'il fût déjà bien tard, je ne voulus point passer la nuit dans cette ville serbe. Je louai donc une voiture, ou plutôt une charrette, *caretella,* et partis pour Viddin. Ce fut un voyage indescriptible, et toujours dans la boue. Par-ci par-là on rencontrait des villages roumains, mais ils étaient aussi boueux que les villages serbes. Enfin, par la volonté de Dieu, vers minuit, j'arrivai aux frontières turques. Là je fus conduit dans une chambre basse toute remplie de fumée, où je vis un Turc qui se tenait assis sur une espèce de divan, ayant à la bouche l'historique chibouque. M'ayant demandé mon passeport, il le tourna en tout sens et n'y comprit mot. Il finit par le confier à un soldat, en lui disant quelques paroles; ainsi j'arrivais à Viddin sans passeport. Dans cette ville qui est une célèbre forteresse, je cherchai un logement pour le reste de la nuit. J'entrai dans une *kerciuma* (auberge, en slave) très sale et tout enfumée, où je ne pus avoir qu'un peu de *suica* et un peu de vin qui était plutôt du vinaigre. Dès que le jour parut, je me rendis chez l'agent des bateaux autrichiens, lui disant que je désirais me rendre à Roustchouk, mais qu'à la frontière on m'avait retenu le passeport. « Ce n'est rien, me dit-il; venez avec moi et vous « entrerez dans le bateau. » Ainsi il fut fait. Accompagné de ce bon monsieur, je m'embarquai sans aucune difficulté et peu d'heures après on partait. Au moment du départ, un *zaptié* vint me remettre le passeport. Je n'en faisais pas grand cas, car j'étais très connu à Roustchouck, et je savais que je ne rencontrerais point de difficultés. Arrivé à mon poste, ma première visite fut pour MM. les consuls; ensuite je visitai d'autres bienfaiteurs dévoués. »

# CHAPITRE V

TRAVAUX A ROUSTCHOUK. — APOSTOLAT EN ROUMANIE, RIVE GAUCHE DU DANUBE, 1874

Revenu ainsi dans cette station, le R. P. Hippolyte reprit ses travaux interrompus. Le seul changement qu'il y avait eu durant sa courte absence avait été l'arrivée de trois religieuses anglaises comme maîtresses d'école. C'était la Révérende Mère Joachim, supérieure, la Mère Ignace Stuart et la Sœur Agathe Kenny (1). Après une pénible quarantaine, ces bonnes religieuses avaient ouvert une école, laquelle était très fréquentée. Malgré cela, les religieuses ne parvenaient pas même à avoir de quoi payer le loyer. Aussi étaient-elles une grande charge pour l'évêque. Le R. P. Hippolyte désira modifier cette situation et résolut de céder la maison et l'école qu'il avait fait bâtir et d'aller habiter provisoirement chez M. Luc Clician. MM. les consuls, tout en admirant son zèle, n'approuvèrent pas beaucoup ce dessein ; aussi cédèrent-ils à contre-cœur devant ses instances. L'évêque en témoigna toute sa reconnaissance au missionnaire ; les religieuses étaient mieux logées et ne causaient plus aucune dépense à Sa Grandeur. Il est vrai que les souffrances et les travaux du P. Hippolyte avaient augmenté, car, pour dire la messe, il devait chaque jour faire un trajet assez long par le froid et l'humidité à travers des rues boueuses ou remplies de neige. Rentré à son logis, il n'avait pas de feu pour se sécher et se chauffer. Mais il

(1) La Sœur Agathe Kenny était Irlandaise. C'était une religieuse de grande vertu. Elle mourut saintement à Roustchouk en 1887. Quand, en 1890, on transféra les restes des catholiques dans le nouveau cimetière que Mgr H.-L. Agosto avait acheté et bénit, on trouva le corps de Sœur Agathe entièrement conservé.

était jeune et supportait ces fatigues avec courage. Dans les derniers jours de cette année 1873, il lui arriva une aventure où la Providence montra, d'une manière sensible, avec quelle bonté elle veillait sur les jours du zélé missionnaire.

Tout en étant fixé dans la station de Roustchouk et chargé particulièrement de ce poste, le R. P. Hippolyte devait encore desservir plusieurs localités de la rive gauche du Danube. Le 28 décembre 1873, lui vint une invitation de se rendre à Giurgevo en face de Roustchouk pour ministère à exercer. Il s'y rendit de suite. Arrivé chez la dame Brunner qui l'avait appelé, cette personne lui dit qu'il fallait se rendre non loin de la ville dans une *mossia* (ferme, en roumain), où il y avait à baptiser et à bénir un mariage. Le Père, jugeant qu'il serait bien de célébrer la messe pour les nouveaux époux, prit dans la chapelle de Giurgevo tout ce qui était nécessaire, et partit en voiture accompagné de M$^{me}$ Brunner. Arrivés à destination après huit heures de voyage, ils furent très bien reçus par le fermier qui, quoique grec schismatique, mit aussitôt une chambre à la disposition du missionnaire pour qu'il pût y accomplir les cérémonies saintes en toute liberté. Après le dîner, le Père recommanda aux jeunes époux de se préparer pour la confession, la messe et le mariage. Il parut au missionnaire que les jeunes gens ne se reposèrent pas même, car à 3 heures du matin ils étaient déjà sur pied. Ils se confessèrent, le prêtre célébra la messe, leur donna la sainte communion, bénit leur mariage et baptisa l'enfant. M$^{me}$ Brunner servit sans doute de témoin et de marraine. A l'aube, tout était fini et était prêt pour le retour. Mais, tandis qu'on prenait le café, s'éleva une bourrasque épouvantable. Le vent soufflait avec furie, et la neige et la grêle tombaient avec force. On attendit bien une heure, mais la tempête augmentait toujours. Malgré cela, vers 10 heures, on voulut essayer de partir, mais inutilement, car les chevaux ayant le vent en face, il fut impossible de les faire avancer d'un pas. Le missionnaire était fort contrarié, car il avait annoncé le chant du *Te Deum* pour le lendemain, dernier jour de l'an, et personne n'était à Roustchouk pour le remplacer. Mais, *volens, nolens*, comme il écrivait lui-même, il dut rester toute la journée du 30 sur place, car le temps devenait de plus en plus mauvais. Le matin du 31, à 4 heures, on put se mettre en route pour Giurgevo. Le voyage fut très pénible. Tout était couvert de neige, et dans l'obscurité qu'il faisait, le missionnaire dut plusieurs fois descendre de voiture pour chercher la route et ne point verser dans quelque fossé avec ses compagnons. Enfin, comme il plut à Dieu, vers 2 heures après midi, on arrivait à Giurgevo. Le Père courut de suite au port chercher une barque afin de se faire conduire à Roustchouck. Mais les nautoniers roumains lui répondirent : « Père, quand vous nous donneriez cent ducats, nous n'accepterions point, car le passage est trop dangereux en ce temps. » En effet, le vent recommençait à souffler, et les glaçons roulaient sur les flots du fleuve avec une grande violence. Le Père cependant, pressé par son désir d'aller chanter le *Te Deum*, s'adressa à des pêcheurs allemands. Ceux-ci reçurent très bien le missionnaire, l'invitèrent à se restaurer, lui disant que le Danube était bien dangereux, mais que, s'il n'avait point peur, eux le passeraient à l'autre rive. Le fleuve était vraiment terrible à voir ; les glaçons glissaient avec une rapidité effrayante et grinçaient horriblement en se heurtant. Deux ou trois fois, la barque faillit verser, mais, par leur grande habileté, les bateliers évitèrent ce malheur. Enfin, après bien de la peine, de la fatigue et de la crainte, on atteignit la rive opposée, mais assez loin de Roustchouk et de la gare. Le Père, voyant que tout était couvert de neige, demanda aux pêcheurs s'il pouvait arriver à pied au moins jusqu'à la station. Sur leur réponse affirmative, il paya et partit de suite tout seul. Après avoir marché durant un quart d'heure environ, il se trouva vis-à-vis de la station, mais s'en vit séparé par un bras du Danube... Impossible de s'imaginer son effroi... Comprenant aussitôt qu'il était descendu sur l'île qui est presque en face de la gare, le Père revint promptement sur ses pas afin de rejoindre les bateliers, mais ceux-ci avaient disparu... Dans son angoisse il retourna en face de la station, et de ce lieu commença à appeler au secours de toutes ses forces. Mais les bureaux étaient déjà fermés et tout le monde était retiré dans sa maison. Le temps était affreux, le vent soufflait et il tombait une pluie très froide mêlée de neige. La nuit approchait, et aucun espoir de secours ne paraissait. Le Père vit à une certaine distance un *tciam* (grande barque turque) et les matelots occupés à ramener les voiles et à jeter leurs ancres. Il les appela à son aide. Mais eux continuèrent en silence leur travail, et quand ils eurent fini, ils lui répondirent froidement : « *Sabõ, Sabõ, Papas !*... Demain, demain, Prêtre » !... et disparurent dans leurs cabines. En voyant les portes se fermer, le missionnaire crut entendre son arrêt de mort... « Mon Dieu, gémit-il, aujourd'hui c'est le dernier jour de l'an, c'est aussi le dernier de ma vie !... » Et il fit les actes de préparation à la mort... Après une demi-heure environ d'agonie, au milieu de la neige, transi de froid et plongé dans une obscurité affreuse, il se sentait défaillir... quand le bruit de grelots et le glissement d'un traîneau fit briller soudain une lueur d'espérance aux yeux du missionnaire. Réunissant les forces qui lui restaient encore, il appela au secours aussi fort qu'il put. Mais il ne voyait rien, et un silence de mort continuait à régner autour de lui... quand, après un peu de temps d'angoisse mortelle, il lui sembla entendre des coups sourds sur la glace que les flots lui apportaient. Ce son s'approchant... soudain une voix retentit aux oreilles du Père... « *Per Dio Santo! è il nostro prete!*... Mon Dieu ! c'est notre prêtre !... — Eh ! oui, c'est moi, Barba Joso !... » Et, accablé par l'émotion, le missionnaire tombe évanoui dans les bras de ses sauveteurs... Quand le lendemain il revint à lui, il se trouva dans son lit à Roustchouk, ayant à ses côtés plusieurs de ses amis et la supérieure du couvent. Alors il apprit que le bruit des grelots et le glissement du traîneau qui avaient fait éprouver à son cœur un dernier espoir de salut, c'était le grand-pacha de Roustchouk qui, selon son habitude, se rendait à cette heure au café de la Gare pour y faire sa partie de billard. Son Excellence, ayant entendu crier, pensa que c'était un contrebandier qui, pour mieux exercer son métier, s'était fait descendre dans l'île et que, surpris par le mauvais temps, la frayeur l'obligeait d'appeler au secours. C'est pourquoi, dès qu'il fut arrivé au café, il ordonna d'aller dans l'île et de capturer le malheureux. Mais ce fut le missionnaire qu'on recueillit sans connaissance.

Transporté dans cet état à l'Hôtel de la Gare, on lui avait fait respirer des sels et donné tous les soins voulus en pareilles rencontres, mais sans résultats satisfaisants. On l'avait alors mis en traîneau et porté dans son lit. Quant au Père, après ses paroles : « Oui, c'est moi »... il n'avait qu'un vague souvenir du cri poussé par Barba Joso en l'abordant : « Je tuerai celui qui l'a abandonné sur l'île. »

En se voyant si providentiellement sauvé, le missionnaire, après en avoir remercié notre Père des cieux, pensa qu'il était de son devoir de remercier le pacha. Son Excellence parlait le français ; il reçut très bien le missionnaire et insista beaucoup pour connaître ceux qui l'avaient ainsi déposé sur l'île et abandonné dans un grand danger. Mais le Père dit simplement qu'il ne les connaissait pas bien ; car il ne croyait pas devoir les dénoncer, sachant qu'ils n'avaient point agi dans un coupable dessein.

Cet événement fit grand bruit. Tout Roustchouk s'en occupa longtemps et les journaux en portèrent la nouvelle au loin. Depuis lors, la colonie catholique de Roustchouk appelait son missionnaire le nouveau Robinson. Heureusement que ses excursions en Roumanie n'étaient pas toujours d'un dramatique aussi effrayant. Souvent néanmoins elles étaient tristes, parfois fort curieuses. D'ordinaire, il visitait tous les postes de la rive gauche du Danube trois fois par an. Dans ces visites il baptisait, bénissait les mariages et traitait les affaires de ces localités. A Oltenitza, à Giurgevo, à Turnu-Magurele, il acheta le terrain et fit tous les préparatifs pour bâtir des chapelles et des églises dans ces chrétientés. Durant un de ces voyages où il visitait tour à tour Turnu-Magurele, Alexandria et Zimnitza, il eut le bonheur de baptiser trois frères le même jour. Peut-être n'y avait-il pas longtemps que les parents s'étaient enfin arrêtés dans le village que visita le missionnaire en cette rencontre ; toujours est-il que ces enfants étaient privés de la grâce divine depuis plusieurs années, car, en cette circonstance solennelle de leur vie, eux-mêmes tenaient le flambeau et répondaient avec bonheur aux demandes du prêtre.

Une autre fois, le missionnaire n'eut pas aussi facilement la consolation d'arracher les enfants de la servitude du démon. Près de Zimnitza, il y avait une grande ferme appartenant à la noble famille Ypsilanti. C'étaient des Hongrois qui la tenaient. Le Père, ayant appris qu'il y avait un bon nombre d'enfants à baptiser, s'y rendit de suite. A son arrivée les femmes sortirent de leurs chaumières et le considéraient curieusement ; les enfants effrayés se cachaient derrière leurs mères. Malheureusement le missionnaire ne parlait point la langue hongroise. S'exprimant donc en roumain, il exposa brièvement le but de sa venue parmi eux. Les femmes s'entre-regardèrent, puis se réunirent, et, après une vive discussion, déclarèrent que le nouveau venu n'était pas un prêtre catholique, mais bien un ministre anglican, parce qu'il portait la barbe et ne parlait point le hongrois. Aussi le repoussèrent-elles, refusant absolument de laisser baptiser leurs enfants. Très contrarié, et affligé de ces dispositions, le Père courut à Zimnita où il connaissait un Hongrois fort bon catholique ; il lui raconta ce qui était arrivé et, le priant de l'accompagner, lui dit : « Vous serez comme mon évêque. » Le brave monsieur se montra très mécontent des dispositions manifestées par ses compatriotes ; il vint avec le missionnaire et, les ayant réunis sur la place du village, réussit à leur faire comprendre que le Père était vraiment un prêtre catholique et qu'ils devaient profiter de sa présence parmi eux pour le bonheur de leurs enfants. Enfin, entièrement rassurés, on appela tous ceux qui travaillaient aux champs et le missionnaire eut le bonheur de baptiser une vingtaine d'enfants. Pour témoigner toute leur joie, ces braves chrétiens régalèrent magnifiquement le prêtre et firent venir des messieurs qui jouèrent et chantèrent toute la nuit.

Terminons ce chapitre en rappelant une rencontre du missionnaire qui faillit finir d'une manière tragique. Un jour, le Père, devant se rendre à Calarasi, avait logé au consulat d'Autriche, qui est séparé de la ville par un lac. Il avait pris passage sur une barque pour se rendre à la cité. Durant la traversée, un grand orage éclata et la grêle tombait d'une manière effrayante. Il n'y avait de voyageur avec le missionnaire qu'un juif; les nautoniers étaient Valaques. Devant l'horrible tempête le juif, tout effrayé, tremblait d'épouvante ; les rameurs faisaient entendre des malédictions, tandis que le prêtre priait en silence. Tout à coup le juif s'écrie avec fureur : « C'est ce prêtre qui est cause de la tempête... Partout où se trouve un prêtre, il y a toujours des malheurs !... » En entendant ces paroles, les Valaques, qui sont très superstitieux, jetèrent sur le missionnaire des regards très peu bienveillants. Mais lui, sans se déconcerter et connaissant fort bien toutes les superstitions des Roumains, prit un air inspiré et répondit tranquillement : « C'est toi, malheureux juif, qui es la cause de cette tempête... Pour moi, ce matin j'ai fait mon signe de croix et dit mes prières. Je fais encore présentement mon signe de croix. Mais toi, malheureux, peut-être as-tu blasphémé la sainte croix !... » Ces paroles eurent un effet magique sur l'esprit des bateliers. « Oui, oui ! clamèrent-ils en chœur, c'est le juif qui est cause de la bourrasque ; il faut le jeter à l'eau... » Le juif, pâle de frayeur, tremblait comme une feuille agitée par le vent et, nullement disposé à devenir un nouveau Jonas, se tourne vers le prêtre et, de ses regards suppliants, demande aide et protection. Le Père dit alors : « Oh ! mes amis, laissez-le tranquille ! Un juif de plus ou de moins, cela ne fait rien. » Et le voyage s'acheva heureusement.

Après ces excursions, le plus souvent pénibles et toujours remplies d'émotions diverses, le missionnaire rentrait à Roustchouk pour y continuer ses travaux. Malgré l'assistance des consulats et de la famille Clician, malgré la bienveillance et la bonté des fidèles, il arrivait encore souvent que le missionnaire manquait même de la modeste subsistance à laquelle il s'était réduit.

---

# CHAPITRE VI

NOUVEAUX TRAVAUX. — VISITE AUX VILLAGES. — BOMBARDEMENT DE ROUSTCHOUK. — VOYAGE EN ITALIE

Dans les premiers mois de l'année 1874, M. le consul de France Champoiseau avait eu pour successeur M. Aubaret, ancien commandant de frégate, qui avait fait la campagne de Chine. Le nouveau consul était un très pieux et fervent chrétien. Très assidu aux offices de la religion les dimanches et les fêtes, M. Aubaret remarqua bien vite l'exiguïté de la chapelle et s'entendit sans difficulté avec le missionnaire pour l'agrandir. Les travaux s'accomplirent promptement grâce aux secours qu'il obtint au Révérend Père curé. Les religieuses auxquelles celui-ci avait cédé sa maison se trouvant encore à l'étroit, le missionnaire agrandit leur local de manière qu'elles se trouvèrent en état d'admettre des pensionnaires. Pour lui, il se bâtit une maisonnette, en attendant que la Providence lui procurât mieux. Au milieu de ces travaux, le 28 juillet 1875, il recevait de Mgr I.-F. Paoli sa nomination de vicaire forain pour les villages bulgares. C'était un stimulant de plus pour son zèle apostolique ; aussi ne tarda-t-il pas d'aller visiter ce nouveau champ confié à sa sollicitude. Écoutons-le nous donnant un spécimen de ses travaux à ce sujet, dans des notes qu'il a jetées par-ci par-là, au courant de la plume, comme exercices de français.

« La semaine passée, je suis allé dans la Bulgarie. Arrivé à Sistoff, le capitaine du bateau à vapeur à qui je m'adressai pour avoir une place me dit que c'était trop tard. Je fus donc obligé de passer la nuit dans cette ville. Le lendemain, j'envoyai un courrier au Révérend Père curé d'Oresc pour le prier de prêter sa voiture. Le bon Père vint lui-même me prendre, et ensemble nous sommes allés à Béelini. Les deux Pères missionnaires qui desservent cette importante localité me reçurent avec beaucoup de plaisir et eurent pour moi la plus grande attention. De concert avec eux, je cherchai les moyens de fonder une école dans le village. Ils applaudirent à ma pensée et approuvèrent mes projets. Je fis appeler les chefs de la localité pour leur faire part de nos résolutions et conclure l'affaire. Ces messieurs se montrèrent très contents et promirent de faire tout ce qu'ils pourraient pour mettre nos desseins à exécution. Mais je prévoyais qu'ils n'auraient jamais à me donner que des bonnes paroles ; c'est pourquoi je leur dis qu'il fallait conclure l'affaire de suite et en dresser les conditions. Je rédigeai donc un règlement pour l'école et indiquai les appointements du professeur. Les chefs de la commune approuvèrent le tout, et un professeur fut appelé avec qui fut passé le contrat. Les conditions acceptées de part et d'autre sont les suivantes : 1° Le maître d'école aura pour appointements soixante-douze ducats par an, son logement et le bois de chauffage ; 2° Il s'est obligé à faire l'école avec tous les soins possibles et à obéir aux ordres de M. le curé pour tout ce qui concerne l'école. Sa femme s'est engagée à enseigner aux jeunes filles les travaux de leur sexe. Quatre personnes furent nommées et chargées de réunir les appointements de M. le Professeur. Elles devaient les percevoir de toutes les familles du village qui, au besoin, pouvaient être forcées à les payer par les autorités locales. Cette affaire ainsi réglée, je partis avec le Révérend Père curé d'Oresc pour aller visiter sa paroisse. Après trois heures de marche en voiture, nous arrivâmes à Oresc.

« Ce village est situé dans une belle vallée, entourée de collines fertiles, dont la vue est très agréable. D'un côté, on voit le village ; de l'autre, une grande vallée qui s'étend, et plus loin le Danube. Les habitants de ce village, 1,400 ou 1,500 environ, sont catholiques. Ils ont une fort belle église qui a été bâtie par les soins de Mgr Ange Parsi, tandis que le R. P. Marien de Jésus, religieux passioniste, était curé de cette paroisse qu'il a gouvernée pendant vingt ans. Les fidèles de cette localité sont très religieux. Ils sont habituellement à l'église deux fois par jour, le matin pour assister à la sainte messe, et le soir pour réciter ensemble le saint Rosaire. Ils fréquentent les sacrements et ont un grand respect pour le ministre de Dieu. Lorsqu'ils se rencontrent dans les rues, ils se saluent mutuellement en disant : « Que le nom de Dieu, ou de Jésus-Christ, soit béni ! » Et l'autre répond : « Qu'il soit loué pour toute l'éternité ! » Cet usage est très édifiant, et j'avoue que je fus très édifié de cela. Les mœurs de ces villageois sont très simples, et ils s'aiment beaucoup entre eux. S'ils ont des querelles, ils en appellent au prêtre, qui est leur juge. S'ils tombent malades, ils recourent également au prêtre, qui est leur médecin. En un mot, le prêtre est tout chez eux. Les habitations sont couvertes en chaume et n'ont pas d'étage. Dans l'intérieur il n'y a que quelques petites chaises et des nattes qui servent de lit. Je restai quatre jours dans ce village, puis je partis pour Trangevitza avec le Révérend Père curé de cette paroisse qui était venu me prendre.

« Notre voyage en voiture dura cinq heures. Les routes étaient très mauvaises. Néanmoins ce voyage fut pour moi très agréable, éprouvant un grand plaisir à la vue des belles vallées et des jolies collines que je voyais tour à tour. A notre arrivée à Trangevitza, la population était déjà réunie à l'église pour la récitation du saint Rosaire ; c'est pourquoi nous nous rendîmes directement dans l'assemblée. Je restai très édifié en voyant un si grand nombre de fidèles réunis pour louer l'auguste Mère de notre Dieu. La prière finie, le Révérend Père curé me dit qu'il fallait présenter la croix à la vénération du peuple. Je pris donc la croix déjà préparée sur l'autel, j'en bénis les fidèles et la leur donnai à baiser. Les hommes, les enfants et les femmes se présentèrent tour à tour, tandis que ces dernières chantaient des cantiques en langue bulgare. Cette cérémonie est très touchante, et j'avoue que je ne pus retenir mes larmes en voyant la vénération et la componction avec laquelle le peuple baisait le symbole sacré de notre Rédemption. Après cette cérémonie, le curé et moi nous quittions l'église pour nous rendre à la cure. La population nous suivait. Mais dès que nous fûmes sur la place, tous ces bons chrétiens voulurent me baiser la main. Chacun d'eux en se baissant pour rendre cet hommage me disait en bulgare : « Que le nom de Dieu soit loué ! » Et je répondais : « Qu'il soit loué pour toute l'éternité ! » Quand cette cérémonie fut entièrement terminée, alors seulement il nous fut permis d'entrer au presbytère. Resté seul avec le curé, je lui parlai avec émotion de la bonté et de la dévotion de l'excellent peuple de Trangevitza. Le lendemain matin, je célébrai la sainte Messe. L'assistance était fort nombreuse. A la fin du saint sacrifice je présentai encore la croix à la vénération des fidèles, qui partirent de suite pour leurs travaux. Accompagné du Révérend Père curé, je me promenai toute la journée dans le village et ses environs. Dans ces promenades j'ai eu l'agréable occasion d'examiner la localité ainsi que les coutumes des habitants. Partout on témoigna le plus grand respect pour le Révérend curé et pour moi. Ma peine était que je ne pouvais pas encore parler avec eux. »

On voit, par ces dernières paroles, que le R. P. Hippolyte n'avait pas eu jusqu'alors le loisir de s'appliquer à l'étude de la langue bulgare. A Roustchouk, en effet, le saint ministère s'exerce principalement en allemand, en italien et en français. Les quelques Bulgares catholiques de la ville connaissent l'un ou l'autre de ces idiomes, souvent même ils les possèdent tous. Pour les catholiques des villages, ce n'est guère qu'en passant qu'ils se trouvent dans la ville. Le Révérend Père étudiait en ce temps le français, et c'est en s'exerçant en cette langue qu'il écrivait ces notes. En voici encore un spécimen.

« Depuis longtemps les Bulgares avaient acheté des cloches fort belles, mais jusqu'à présent ils n'avaient osé les sonner. Hier, 26 octobre (8 novembre, nouveau style), ils eurent une grande fête, celle de saint Dimitri, qui est le protecteur de tout le peuple orthodoxe. Le peuple s'était rendu en foule à l'église où, pour la première fois, furent sonnées les cloches. Je ne puis exprimer la joie du peuple bulgare en entendant le son des cloches; il parut comme fou de joie. Mais la population turque, à l'annonce de ce qui allait arriver, se montra furieuse, et les fils de Mahomet menacèrent de lapider quiconque oserait sonner les cloches. Devant cette attitude, le consul de Russie, auteur de tout cela, eut soin d'envoyer son *cavas* qui a sonné les cloches. Par crainte de la Russie, les Turcs réprimèrent leur fureur, mais, dans leur cœur ulcéré, restèrent très malintentionnés contre les Bulgares et les Russes. Nous verrons comment finira cette affaire. Je crois qu'une très grande révolution aura lieu sans doute dans Roustchouk, entre Bulgares et Turcs. Les uns et les autres sont très fanatiques, et le fanatisme est une chose très dangereuse pour le peuple. »

On voit par là au milieu de quelles difficultés et de quels dangers le R. P. Hippolyte devait se mouvoir pour maintenir et faire prospérer ses saintes entreprises. L'humble fils de Saint-Paul de la Croix continuait quand même son œuvre à travers toutes ces difficultés et ces peines. Des conversions, surtout de protestants, venaient de temps en temps le consoler et l'encourager; aussi avançait-il avec confiance, quand la guerre vint interrompre ses travaux et menacer ses œuvres d'une entière ruine.

On sait qu'en 1876-1877, les Bulgares, fatigués par la longue oppression du Croissant, profitèrent de la guerre russo-turque et se levèrent en masse pour secouer ce joug abhorré. Après bien des péripéties, des combats meurtriers et vaillants, avec l'aide des Russes et des Roumains, ils parvinrent, sur les hauteurs à jamais célèbres de Chipka et à Plevna, à conquérir leur indépendance, que le Congrès de Berlin, en 1878, s'empressa de reconnaître.

Le R. P. Hippolyte raconte dans ses notes les événements de Roustchouk, dont il a été témoin oculaire dans les mois de mai et de juin 1877.

« En ce temps-là, dit-il, la ville de Roustchouk fourmillait de soldats tous fort peu commodes. Mais les plus cruels étaient les Chebèques et les Circassiens. Tous les jours on en voyait arriver et partir bientôt pour Viddin, Silistria et Plewna. En quittant la ville, ils poussaient des cris épouvantables et sauvages, finissant leur horrible vacarme par une prière pour le Sultan. Les étrangers et les indigènes aisés quittaient journellement la ville pour se réfugier en Serbie, en Valachie et en Autriche-Hongrie. Vers le 15 mai, un bateau autrichien vint prendre tous ceux de cette nation qui restaient encore en ville. Tous les consuls avaient informé leurs nationaux que Roustchouk devant bientôt être un lieu de combat et bombardé, ils ne pouvaient plus répondre de rien. Ce fut alors un exode général, de sorte qu'il ne restait en ville que des soldats. On ne voyait que des chariots de munitions, on n'entendait que la musique militaire et des chants guerriers. La panique régnait dans le cœur des habitants restés dans la cité. Les soldats circassiens, les Bachibouzouques et particulièrement les Chebèques terrorisaient par leur férocité et le pillage qu'ils exerçaient sans épargner même leurs coreligionnaires... »

Cet état de choses dura jusqu'au 24 juin. En ce jour à 4 heures du soir, commença le bombardement de la ville. Les premières bombes tombèrent sur l'église et le presbytère. Le Révérend Père écrit qu'en ce moment il se trouvait devant sa porte, buvant une tasse de café avec un docteur militaire Alepin, catholique, avec lequel il était en très bonnes relations. Celui-ci restait impassible et savourait son moka fort tranquillement; mais le missionnaire, qui entendait une telle musique pour la première fois, tremblait de tous ses membres, et à chaque bombe qui passait ou éclatait, il baissait instinctivement la tête... Le docteur, ayant fini de boire son café, se leva, baisa la main du prêtre lui disant : « Bon Père, priez pour moi. Le bombardement a commencé. Je pars pour le camp, et peut-être ne pourrai-je plus venir vous voir... » A 8 heures du soir le bombardement cessait. Le Révérend Père curé, resté jusqu'alors comme cloué sur le seuil de sa porte, résolut de se rendre chez M. le consul d'Italie. Celui-ci, très heureux de le voir, le reçut cordialement et lui fit part d'une note du pacha militaire dans laquelle il lui disait : « Vous êtes témoin que ce n'est pas nous qui avons commencé. Mais si demain les Russes recommencent à bombarder la ville, nous bombarderons Giurgevo. » Il en fut ainsi. Le lendemain, à 2 heures du soir, les Russes reprirent l'attaque, et de suite les Turcs braquèrent leurs canons sur Giurgevo. Ces combats meurtriers se renouvelèrent durant trois jours; mais le troisième jour ils furent très acharnés. Les dégâts furent grands des deux côtés. A Roustchouk, outre les ruines, le nombre des victimes s'éleva, disait-on, jusqu'à 400...

Les habitants, ayant remarqué que les ennemis commençaient les hostilités toujours dans l'après-midi, prenaient à la hâte leur réfection, puis se réfugiaient dans une vigne dite du Capitaine Luc Clician (aujourd'hui bien de l'Église catholique). Le Père missionnaire, accompagné de l'enfant bulgare qui le servait, faisait de même. On était arrivé un soir à 5 heures, et le bombardement n'avait pas encore commencé. La population pensa que pour cette fois elle pouvait se tranquilliser, et un grand nombre reprirent le chemin de leurs foyers. Le Révérend Père curé fit de même. Mais à peine était-il arrivé près de la porte de l'église, qu'un épouvantable coup de canon retentit. A ce signal, le sifflement des bombes remplit l'air, leur crépitement et leurs éclats faisaient un bruit infernal. Le missionnaire et ceux qui l'accompagnaient résolurent de suite de retourner à la vigne. Par bonheur, ils trouvèrent une voiture et, au grand galop des chevaux, reprirent le chemin de leur lieu de refuge. Mais arrivés à la dernière porte de la ville, l'éclat d'un canon Krupp effraya les chevaux que le cocher ne put maîtriser. Les coursiers retournèrent vers la ville. « Je ne sais où ils nous conduisirent dans leur course folle, écrit le R. P. Hippolyte; je sais seulement que les bombes sifflaient, que les routes étaient désertes, et que seulement dans la nuit bien avancée nous pûmes rentrer à la maison. » Comprenant plus que jamais le peu de sûreté qu'il y avait, le zélé missionnaire se décida à quitter momentanément son poste. Il mit donc en lieu sûr, autant que possible, les ornements de l'église et les meubles de la maison ; il consomma les saintes Espèces et se disposa à sortir de la ville, emmenant avec lui le jeune garçon bulgare.

Ce fut alors qu'il apprit que MM. les consuls étaient déjà partis. Il se rend promptement à la gare, afin de prendre le train pour Varna. Ce fut un trait de la Providence, car c'était le dernier train qui partait de Roustchouk. Les voitures étaient bondées de voyageurs, de sorte qu'on avait bien de la difficulté pour trouver une place. Le missionnaire et son jeune compagnon durent se contenter d'un coin sur un wagon de marchandises.

Arrivé à Varna, le R. P. Hippolyte s'y arrêta quelques jours, puis s'embarqua pour Constantinople. Dans cette ville il fut très bien reçu par S. G. Mgr Antoine-Marie Grasselli, conventuel, archevêque de Colosse et administrateur du patriarcat. Il logea le missionnaire dans la chambre où son prédécesseur, Mgr Antoine-Joseph Pluym, archevêque de Thyane, passioniste, avait passé les derniers jours de sa vie. Mgr l'administrateur entoura de sa bienveillance le R. P. Hippolyte, qui s'embarqua bientôt pour l'Italie. Après une pénible traversée, à son débarquement à Brindisi on ne lui demanda point son passeport, mais deux gendarmes s'attachèrent à ses pas et le suivirent jusqu'à la première station. Arrivé à Rome, après quelques jours de repos, il quitta la Ville éternelle et se rendit chez ses parents qu'il n'avait pas vus depuis vingt-quatre ans. C'est dans cette circonstance que S. G. Mgr Pierre-Anaclet Siboni, évêque d'Albenga, offrit au Révérend Père une cure très importante, désirant le retenir dans son diocèse qui manquait de prêtres. Mais le zélé missionnaire remercia l'excellent évêque, préférant à tout sa Congrégation et sa chère Mission de Bulgarie.

## CHAPITRE VII

RETOUR DANS LA MISSION. — DÉTRESSE. — NOUVEAUX TRAVAUX

(1878-1883)

Rentré à Rome après cette courte visite à son pays natal, le R. P. Hippolyte reprenait bientôt le chemin de sa chère Mission des bords du Danube. Ce ne fut cependant que le 24 février 1878 qu'il lui fut permis de passer le grand fleuve. On sait que les deux empires russe et ottoman avaient fini par conclure la paix.

Le missionnaire trouva sa Mission dans un état lamentable : église et résidence n'étaient plus que des ruines. Nouveau Néhémie, dit une notice biographique, il se remit à l'œuvre avec courage. Par bonheur, écrivait-il alors, la Mission n'avait pas été pillée, et le curé retrouva tout ce qu'il avait caché à son départ. Il se trouva néanmoins bientôt dans une détresse extrême. Les anciens habitants n'étant pas encore retournés, la petite église était toujours vide; aussi, pour subsister le missionnaire dut-il se résoudre à vendre tantôt l'un, tantôt l'autre de ses pauvres petits meubles. Un jour, ne trouvant plus rien à vendre et la faim se faisant fortement sentir, il se rendit chez une famille allemande. On le reçut très bien, et la mère de famille lui présente gracieusement une cassette en lui disant : « Mon Révérend Père, c'est la caisse d'épargne de ma fille Ève ; tout ce qu'elle contient est pour vous. » Le missionnaire reçut le cadeau en remerciant avec effusion la jeune fille et les parents. De retour chez lui, il ouvrit la cassette et y trouva 12 roubles, 48 francs... Avec cette aumône il vécut jusqu'à la mi-carême de 1878.

En ce temps, les soldats polonais commencèrent à fréquenter l'église, et leur générosité permit au Révérend Père curé de se suffire. Au temps de Pâques, le colonel demanda un prêtre polonais afin de faciliter l'accomplissement de leur devoir pascal aux soldats qui ne connaissaient point les langues parlées par le missionnaire. L'évêque envoya le R. P. Augustin Struzzina, passioniste. Les deux prêtres travaillèrent avec zèle, et près de trois mille soldats s'approchèrent des sacrements. C'était un spectacle réellement édifiant, écrivait le R. P. Hippolyte, de voir la piété et la ferveur de ces braves soldats. Tous les jours ils accouraient en si grand nombre que l'église en était comble. Seuls ils accomplissaient les pieuses cérémonies de la Semaine Sainte, jouant de l'harmonium ou chantant selon l'occurrence : ils paraissaient ne pouvoir se détacher du lieu saint. Les officiers firent construire l'autel en bois qui servit durant de longues années.

Après Pâques, ces Messieurs demandèrent au Révérend Père curé de chanter une messe solennelle de *Requiem* pour tous leurs camarades tombés sur le champ de bataille. Au jour fixé pour cette cérémonie, non seulement l'église, mais encore la cour qui la précède, étaient remplies de soldats et d'officiers. Après l'office, ceux-ci demandèrent au missionnaire quel honoraire ils lui devaient. Mais le curé leur déclara qu'il était trop heureux d'avoir pu les servir, ajoutant qu'il voulait de plus les régaler avec de la *Votka*. Les Polonais sont toujours généreux, écrivait le Père ; aussi se firent-ils un devoir de le montrer dans cette mémorable circonstance. En quittant le prêtre, tous à l'envi laissèrent sur sa pauvre table des offrandes considérables. Grâce à ces secours, le missionnaire se vit en état de restaurer l'école et le presbytère, et de faire disparaître de l'église les traces des ravages causés par les bombes des Russes. De nouveaux habitants se joignaient aux anciens qui revenaient à leurs foyers momentanément délaissés. De la sorte, à la suite des soldats et des officiers polonais, les fidèles remplissaient l'église à la grande joie du zélé missionnaire qui, chaque dimanche et à chaque fête, prêchait en allemand et en italien. Tout à son ministère, il se faisait tout à tous, ne s'épargnant en rien et vivant de privations. Il était écouté, révéré et chéri, même par les dissidents et les Turcs. De temps à autre, des retours et des conversions consolantes venaient réjouir son cœur d'apôtre. Son apostolat s'étendait de plus en plus, et le nombre des fidèles augmentait toujours.

C'est au milieu de ces occupations, où, grâce à Dieu, tout marchait très bien, comme écrivait le Révérend Père, qu'une lettre de son évêque vint l'appeler à Bucharest. Il s'y rendit promptement et apprit que Mgr J.-F. Paoli le nommait son vicaire général en Bulgarie avec résidence à Béelini. Toujours soumis et obéissant, le R. P. Hippolyte fit taire ses répugnances et, sans retard, prit la route de sa nouvelle résidence : c'était au mois de septembre 1878.

Comme partout, le missionnaire se mit à l'œuvre avec courage. Mais il vit bientôt que ses travaux étaient entravés et son zèle rendu stérile. Quelques années auparavant, la population de Béelini avait été très excitée, surtout par les menées du consul de Russie qui avait semé l'argent à pleines mains. La concorde avait disparu du village ; ses habitants, tout occupés de leurs divisions, ne prêtaient que peu ou point d'attention à ceux qui s'efforçaient de leur procurer le bonheur ineffable de la paix et de l'union des cœurs. Se voyant impuissant pour remédier à cet état de choses, le R. P. Hippolyte retourna auprès de l'évêque et, après lui avoir exposé ses raisons, pria le prélat de l'envoyer dans un autre poste où il pourrait plus utilement exercer le saint ministère. Monseigneur accepta sa démission et, quelques jours après, il le renvoyait à Roustchouk, lui recommandant les religieuses qui allaient y revenir, et le chargeant spécialement de tout ce qui les concernait.

Dès qu'il fut rentré dans sa résidence, le missionnaire se mit à l'œuvre pour accomplir les ordres de son supérieur. Quand, deux semaines après, les religieuses rentrèrent à la maison qu'elles avaient dû quitter précipitamment en 1877, elles trouvèrent tout préparé et n'eurent qu'à se remettre immédiatement à l'ouvrage. Elles étaient cinq, ayant pour supérieure la Sœur Agathe Kenny. Depuis ce temps, elles furent entièrement à la charge du R. P. Hippolyte.

Les premiers bâtiments de l'école devinrent bientôt insuffisants. Le missionnaire les agrandit à ses frais, car l'évêque, étant occupé à bâtir la cathédrale de Bucharest, ne pouvait lui venir en aide. Cependant, pour le soutenir autant que possible, Sa Grandeur lui envoya un prêtre auxiliaire, qui devait faire la classe aux enfants et, tous les dimanches, aller dire la sainte messe à Giurgevo. En 1882, le Révérend Père curé, outre le salut des âmes, occupé encore de la beauté de la maison de Dieu, fit une quête en ville afin de bâtir un clocher et pouvoir ainsi décorer l'église d'une modeste façade. Cette quête lui fournit la moitié de la somme nécessaire pour ces travaux; l'autre moitié il sut la trouver dans les épargnes que lui permettaient les privations auxquelles il se condamnait. Après l'église, ce fut encore le presbytère qui attira l'attention du missionnaire. Comme on le voit, le R. P. Hippolyte était vraiment l'homme de la Providence pour Roustchouk et la Mission de la Bulgarie. Toujours il s'était fait remarquer par sa bonté, son amour du travail, de l'étude et de l'oraison. Jamais il ne se démentait de cette conduite; aussi était-il toujours prêt à faire face à tout. Sans la moindre pensée de sa part, il se préparait aux grandes choses que Dieu allait bientôt lui demander.

---

## CHAPITRE VIII

### IL EST SACRÉ ÉVÊQUE DE NICOPOLIS A ROME. — RETOUR A ROUSTCHOUK, 1883

Au printemps de 1883, tandis qu'il était tout occupé aux travaux que nous venons de mentionner, lui arrivait un télégramme qui l'appelait immédiatement à Rome où l'évêque se trouvait déjà. Il nous dit dans ses notes que cela le contraria beaucoup, car il n'avait pas tout fini : il partit quand même à la minute, écrit-il.

En ce temps, Mgr I.-F. Paoli, évêque de Nicopolis, était délégué par la Propagande. Le Saint-Siège traitait avec le Gouvernement roumain pour l'érection de Bucharest en siège archiépiscopal. Les négociations eurent un heureux résultat. L'archevêché fut érigé avec la moitié du royaume de Roumanie soumise à sa juridiction. L'évêché de Nicopolis, séparé de la Valachie, embrassait toute la Bulgarie du Nord, ayant pour limites les Balkans au sud, le Danube au nord, à son extrémité orientale, les bords du Pont-Euxin (mer Noire), et à son extrémité occidentale, la Serbie et Viddin sur le Danube. L'archevêque de la nouvelle métropole ecclésiastique était prêt et tout désigné, pour ainsi dire, dans la personne de Mgr Ignace-Félix Paoli, que Notre Saint-Père le Pape Léon XIII s'empressa d'y nommer. Il fallait un nouvel évêque pour Nicopolis. Le candidat, préparé à son insu depuis longtemps, était prêt aussi. Précédé à Rome par les recommandations de son évêque, présenté par les Supérieurs de sa Congrégation, le R. P. Hippolyte de Saint-Louis fut agréé par Notre Saint-Père le Pape. Le 23 avril 1883, un Billet signé par Mgr Dominique Jacobini, archevêque de Tyr et secrétaire de la Propagande, arrivait au Révérend Père à Saints-Jean et Paul, lui annonçant qu'il était nommé évêque de Nicopolis. Le Bref de sa nomination est daté du 27 avril, veille de la fête de saint Paul de la Croix.

Comment et dans quels sentiments le nouvel élu du Seigneur reçut-il l'annonce de son élévation ? On le pense facilement devant sa vie toute d'humilité et de sacrifice. Il fut sacré le 3 mai dans l'église des Saints-Jean et Paul au mont Cœlius par l'Éminentissime Édouard Howard, cardinal titulaire de cette basilique, assisté de LL. GG. Mgr D. Jacobini, archevêque de Tyr, et Mgr I.-F. Paoli, archevêque de Bucharest. Ceux qui ont eu le bonheur d'être présents à cette cérémonie nous ont dit que le pieux prélat versait d'abondantes larmes.

Dès que cette nouvelle parvint à Roustchouk, ce fut dans toute la colonie chrétienne une joie très grande. MM. les consuls des différentes nations voulaient recevoir l'évêque avec la plus grande solennité. Dans ce but, pensant qu'il viendrait par la Roumanie, ils avaient formé le projet d'aller le prendre à Giurgevo (Giurgiu) avec un bateau pavoisé. Mais ils n'eurent pas le temps d'exécuter leur pieux dessein, car Monseigneur, s'étant mis en route peu de temps après son sacre, avait fait diligence et arrivait dans la matinée sur un bateau à vapeur autrichien. La nouvelle de cette arrivée se répandit promptement dans la cité. De suite MM. les consuls, les principaux catholiques, le peuple, les enfants des écoles, ayant à leur tête les Révérends Pères et les prêtres de la Mission, accoururent au-devant du bien-aimé Pasteur, le saluant cordialement, s'inclinant sous sa bénédiction, et, répandant des fleurs sur son passage, ils l'accompagnèrent ainsi jusqu'à la résidence, en donnant des marques de la plus grande allégresse. MM. les consuls voulurent absolument organiser en son honneur un banquet solennel, que le nouvel évêque dut présider.

## CHAPITRE IX

ÉPISCOPAT. — LA MISSION

(1883-1893)

A peine Mgr H.-L. Agosto se vit-il placé à la tête de la Mission, qu'il s'efforça de tout son pouvoir de consolider les œuvres qui existaient déjà et d'en créer de nouvelles. La première de celles-ci fut la formation d'un Petit Séminaire. « Dès le commencement de mon épiscopat, écrivait-il à un bienfaiteur en 1889, ayant pris dix enfants bulgares comme séminaristes, j'ai dû construire un autre étage sur la vieille école des garçons. » L'école des Sœurs prospérait grandement ainsi que le pensionnat. L'évêque dut bâtir encore pour loger convenablement les unes et les autres. Dans cette même année 1889, il achetait la campagne de M. Luc Clician afin d'en retirer de quoi entretenir les religieuses et les séminaristes. L'église, devenue trop petite, fut agrandie de nouveau.

De la résidence, l'évêque tournait ses regards vers les autres postes et se hâtait d'y apporter les secours et d'y accomplir les travaux voulus. Le premier poste qui attira l'attention de Mgr H.-L. Agosto fut la paroisse de Varna. En 1857, la Propagande l'avait détachée du diocèse de Nicopolis et l'avait unie à la Préfecture apostolique de Trébizonde, desservie par les Révérends Pères Capucins. Mais, en 1883, quand de nouvelles limites furent données au diocèse de Nicopolis, la même Propagande restitua Varna à l'ancien évêché. Monseigneur s'occupa donc de cette chrétienté. Il désira restaurer et agrandir la chapelle qu'il y avait, afin que celle-ci répondît un peu mieux aux besoins des fidèles. Déjà on allait commencer les travaux, quand l'architecte et l'ingénieur trouvèrent qu'il fallait absolument détruire la vieille chapelle et en bâtir une nouvelle. L'évêque vit de suite les grandes difficultés qu'il rencontrerait, mais, se confiant en Dieu, il se mit résolument à l'œuvre. Il implora des secours de S. M. François-Joseph Ier, empereur d'Autriche, roi de Hongrie, protecteur de la Mission, de différents autres personnages et de la Propagation de la Foi. Partout sa voix éloquente et pathétique fut écoutée, et moyennant les secours qu'il reçut, il parvint en quelques années à bâtir une belle église avec son clocher. L'édifice a des proportions modestes; néanmoins il attire l'attention de tous les voyageurs qui passent par Varna (1).

Pendant que le zélé prélat travaillait ainsi pour cette station, un incendie dévorait, en 1888, la pauvre chaumière qui servait de chapelle provisoire au village de Dely-Sulé (Dragomirovo). On ne put rien sauver des ornements religieux ; tout fut consumé, à la grande douleur des habitants et du Révérend Père curé. Il fallut donc que l'évêque vînt en aide à ce cher coopérateur et à ses paroissiens qui, étant fort pauvres, ne pouvaient guère contribuer à bâtir une église.

Dans ce temps, favorisés par la sage assistance du Gouvernement bulgare, se formaient les villages de Dragomirovo, de Bardarski-Ghéran, de Gostilia et d'Asenovo. C'est en effet vers ces différentes localités, et autres, que revenaient les Bulgares qui jadis, en fuyant devant les Turcs (1689 et suivantes), s'étaient réfugiés dans le Banat de Temesvar, en Hongrie. Ce peuple, en effet, est très tenace, très attaché à son pays et à ses coutumes. Il a conservé aussi sa belle langue que lui ont enseignée les saints Frères Cyrille et Méthode. Au milieu des Grecs et des Turcs ou des Hongrois, le Bulgare parle sa langue et garde ses usages. Si des désastres l'obligent à quitter la patrie

(1) En 1896, M. le commandeur J.-B. Assereto, consul d'Italie, y a fait ériger un magnifique autel en marbre blanc qui est d'un très bel effet et qui provient de Gènes, lieu d'origine de sa famille. Au XVIIe siècle, cette famille a donné un Doge à Gènes dans la personne de Jérôme Assereto (22 mars 1607-1[er] avril 1609).

conquise par sa valeur, du lieu de l'exil il tourne ses regards et son cœur vers elle comme les anciens Israélites. Puis, dès qu'une lueur d'espérance vient à se montrer, il quitte aussitôt le lieu qui l'a reçu et vole de nouveau vers ses chères montagnes et ses vallées qu'arrose l'Isker, la Jantra et la Maritza. Mais c'est surtout à sa religion que tient le Bulgare. Il y est attaché du fond du cœur. Le protestantisme n'a jamais pu et ne peut l'entamer. Oui, le paulicianisme l'a égaré un instant, le schisme grec l'a trompé. Mais, dès qu'il est revenu à la vérité, qu'il a ouvert les yeux à la vraie lumière de la religion catholique, apostolique, romaine, il est demeuré ferme au milieu de toutes les persécutions et de toutes les séductions. N'est-ce pas admirable que la constance de tous ces villages chrétiens, disséminés au milieu des Turcs et des schismatiques? Fidèles aux dogmes de notre religion sainte et seule véritable; fidèles à ses saintes pratiques et à ses divins enseignements, on les voit assidus à la prière, à la fréquentation des sacrements et à l'assistance aux saints offices ainsi qu'à la sainte messe. Quand l'église fait défaut, c'est dans un local quelconque, aménagé le mieux possible, qu'on se réunit pour assister aux saints mystères. Quand le Bulgare catholique manque de prêtre, ou n'a pas d'église pour aller s'agenouiller au pied des autels, il importune les autorités pour avoir l'un et l'autre.

Mgr H.-L. Agosto, qui connaissait parfaitement les désirs et les besoins de ces nouvelles populations, s'employait de toutes ses forces et par tous les moyens à répondre à leur situation. Ses ressources ne répondaient pas toujours à son zèle apostolique, mais il ne se découragea point. A force de démarches, de prières et de fatigues, il arrivait à bâtir des églises, ou tout au moins à préparer des locaux convenables pour la célébration des offices religieux et des saints mystères, à Dragomirovo, à Gostilia et à Bardarski-Ghéran (1). En 1891, il fondait une

(1) Dans cette localité, par le zèle de M. l'abbé Paul Kobielski, curé, et les aumônes de S. G. Mgr Jacques Roissant, évêque d'Usula, auxiliaire de

nouvelle station à Tirnovo. Là aussi il fallut tout créer.

Il est vraiment beau de voir notre pieux prélat aller toujours en avant, malgré les difficultés ; de le voir tout occupé à faire prospérer sa Mission sans jamais se laisser abattre ! Petit Séminaire, écoles, pensionnat, églises à Varna, à Dragomirovo, cimetière particulier pour les catholiques à Roustchouk. A un Prélat de la Propagande à qui il demandait des secours : « Que Votre Grandeur ne trouve point ma demande excessive, écrivait-il, car dans ces derniers temps la Mission est augmentée de quatre nouveaux villages. » Et à l'Éminentissime Préfet de la Propagande il ajoutait : « Que Votre Éminence ne s'étonne point, je la prie, si je lui demande un secours extraordinaire, car, en peu d'années, la Mission s'est accrue du double. *Essendosi in pochi anni accresciuta la Missione del doppio* » (1891). Enfin, le vénéré Prélat couronnait ses travaux dans la Mission par la construction d'une cathédrale.

Il avait pressenti cette nécessité dès le commencement de son épiscopat, en constatant de plus en plus l'insuffisance de l'ancienne église. Aussi avait-il eu soin d'acheter le terrain et l'emplacement nécessaire pour y construire la cathédrale qu'il méditait. On en posa la première pierre avec grande solennité le dimanche 12 octobre 1890, fête de la Maternité de la Très Sainte Vierge Marie. Quelque temps après, l'excellent évêque pouvait écrire à l'Éminentissime Préfet de la Propagande que déjà les murs s'élevaient à la hauteur d'un mètre.

Nicopolis, on vient de construire une belle église paroissiale. Mgr d'Usula l'a solennellement bénite le 29 septembre 1903, au milieu d'un concours extraordinaire de peuple.

## CHAPITRE X

### PERSÉCUTIONS. — SOUFFRANCES. — MORT

Mais, qu'on ne s'étonne point si nous disons que Mgr H.-L. Agosto a été contrarié, accusé, persécuté même. Les œuvres de Dieu sont toujours marquées au coin de la souffrance, et les serviteurs fidèles de ce Dieu infiniment bon doivent tous boire à son calice d'amertume. C'est la condition nécessaire pour que leurs œuvres entreprises réussissent et prospèrent, et pour qu'eux-mêmes, devenant plus semblables à leur divin modèle, lui plaisent davantage et n'agissent que pour lui seul. Mgr H.-L. Agosto eut donc beaucoup à souffrir, surtout durant tout le temps de son épiscopat. Mais la plus grande de ses souffrances fut sans contredit le manque de sujets.

Dans sa correspondance, on peut voir les instances réitérées qu'il faisait continuellement, pour avoir des coopérateurs. Quand il se trouvait à Rome, il ne demandait pas avec moins d'instances; et presque toujours on devait lui répondre en lui témoignant le regret de ne pouvoir satisfaire à ses ardents désirs. De temps à autre lui arrivait quelque aide absolument insuffisant! Il y avait le séminaire; mais on sait qu'il faut du temps pour arriver à recueillir d'heureux fruits, surtout dans les Missions. Aussi, jusque dans les derniers temps, l'évêque, comme il écrivait au Cardinal Préfet de la Propagande, dut-il s'occuper de l'école et remplir les fonctions de curé, faute de sujets pour l'aider. *Fino all' anno scorso mi sonno occupato della scuola, ed anche al giorno d'oggi (1891) faccio da parroco per mancanza di soggetti.*

Chaque œuvre qu'il accomplit, avec les fatigues inhérentes, lui amenèrent toujours des soucis, des peines, des contradictions dont quelques-unes l'ont accompagné jusqu'à la tombe. Il supportait tout avec patience, résignation et douceur, et continuait à travailler pour la prospérité et le bien spirituel de sa chère Mission. La sage direction de Mgr H.-L. Agosto, son gouvernement ferme et paternel faisait que tout prospérait et que, malgré les accusations des envieux, les persécutions des ennemis, l'évêque était respecté, vénéré et aimé, non seulement de ses missionnaires, mais encore de tous les fidèles, les uns et les autres trouvant en lui un père tendre et aimant. Les schismatiques et les Turcs eux-mêmes montraient leur respect pour l'évêque catholique, subjugués qu'ils étaient par sa bonté et ses bonnes grâces.

En 1893, au mois de janvier, Mgr H.-L. Agosto se rendit à Rome, afin d'assister aux fêtes du Jubilé pontifical. Il se trouva parmi les 200 évêques qui, le 19 février, entouraient l'immortel Léon XIII dans la basilique vaticane, rendant grâces à Dieu des bienfaits accordés au Père de la catholicité. Il prolongea son séjour dans la Ville éternelle jusqu'au mois de mai, ne cessant de travailler pour la Mission confiée à son zèle apostolique. Ses lettres de Rome, datées de ce temps, témoignent de ses continuelles occupations en faveur de la Mission. Admis au Chapitre général de la Congrégation, réuni à cette époque dans la maison des Saints-Jean et Paul, le prélat lut un mémoire où il exposait l'état de la Mission, et finissait par déclarer qu'il avait acheté, auprès de Roustchouk, un terrain, où il se proposait de fonder une Retraite pour les Passionistes, ses frères. Tous ses auditeurs furent touchés jusqu'aux larmes en entendant son exposé. On applaudit à son généreux dessein, on lui dit beaucoup de choses..... Mais il ne se fit point illusion. Et devant les difficultés qu'on lui suscitait sans cesse, il mandait tristement à son vicaire général : « Je crois que nous n'aurons jamais cette maison, et que notre héritage passera aux étrangers..... *E la nostra eredità passerà agli stranieri.....* »

Si Mgr H.-L. Agosto fut heureux de se trouver aux fêtes du Jubilé pontifical célébrées à Rome, il en revint plein de tristesse, n'ayant reçu pour sa chère Mission que des paroles..... A son retour dans sa résidence, l'attendaient les peines et la persécution qui devaient hâter la fin de sa précieuse vie.

Depuis plusieurs années, Monseigneur se trouvait en face de difficultés exceptionnelles. Des gens très malintentionnés ne se faisaient pas scrupule d'insulter le Prélat et de déclarer à qui voulait les entendre qu'ils lui feraient, ainsi qu'à la Mission, tout le mal qu'ils pourraient. Ces malheureux agissaient comme ils disaient. Leur but était d'obliger l'évêque et ses missionnaires à quitter entièrement la Mission, afin de s'en emparer et de la faire diriger à leur guise. Excité par leurs déplorables menées, le village très important de Béelini se mit en révolte ouverte contre l'évêque. Ces pauvres chrétiens, perdus au milieu des Turcs et des schismatiques, ajoutèrent à leurs maux le mal très grave d'écouter de condamnables discours. Ils voulaient absolument pour curé un ecclésiastique *de leur choix*. Et comme l'évêque ne pouvait accéder à leurs exigences déraisonnables et entachées de schisme, ils se mirent à persécuter et à chasser tous les pasteurs que l'évêque leur envoyait.

On avait toujours reconnu en Mgr H.-L. Agosto une grande douceur et une bonté toute paternelle. Il ne s'en départit point dans cette pénible et douloureuse circonstance. Il avertit, il exhorta, il pria et supplia. Il en vint enfin aux reproches et même aux menaces..... Rien ne put faire rentrer en eux-mêmes ces malheureux égarés. A son grand regret, l'évêque se vit obligé de frapper le village d'interdit et de punir des censures de l'Église plusieurs chefs de la rébellion. Ce fut un coup terrible pour la population de Béelini dont la majorité était très bonne. Elle avait assisté depuis longtemps à tous les troubles excités dans son sein par des séditieux, et, comme ceux-ci étaient des principaux et des influents, cette majorité, bonne, se trouvait dans l'impuissance : ainsi dut-elle souffrir, comme toujours dans ces rencontres, de la faute des autres.

Cet état de choses durait depuis longtemps... trop longtemps pour le cœur paternel de l'évêque. Et ce qui faisait saigner ce bon cœur, c'est que les rebelles ne semblaient point vouloir de sitôt rentrer en eux-mêmes, quand, dans le mois de novembre 1893, une députation des bons Béelinois vint à Roustchouk supplier l'évêque d'avoir compassion de leur paroisse, parce que, privés des sacrements, il leur semblait n'être plus que des païens, que leurs malades mouraient sans assistance et qu'ils devaient les enterrer sans cérémonies religieuses, ce qui les affligeait extrêmement. Le prélat n'eut que des paroles de consolation et de tendresse pour ces chers enfants ; et pour leur prouver que tout son désir était de les rendre heureux, il leur promit que sous peu il irait dans leur village.

La pacification de cette importante paroisse tenait extrêmement au cœur de Mgr H.-L. Agosto. Il souffrait tant, et depuis si longtemps, de tout ce qui s'y passait qu'il était heureux de voir briller la moindre lueur d'espérance qui lui permettrait de tout terminer. Il paraît cependant que des pressentiments pénibles assiégeaient son cœur, car, en se disposant à partir, il dit plusieurs fois : Je vais à la mort!..... Dans cette excursion, outre le Frère qui le servait, le prélat était accompagné de plusieurs Pères missionnaires.

Arrivés à Béelini, l'évêque et les missionnaires trouvèrent la population fidèle réunie pour recevoir leur pasteur, se prosternant sur son passage afin de recevoir sa bénédiction. Le lendemain 16 novembre, l'évêque célébra la sainte messe à laquelle la plus grande partie de la population se fit un devoir d'assister. Monseigneur fit un discours de circonstance et donna la croix à baiser.

Cependant les factieux montrèrent tout leur acharnement. Après avoir d'abord refusé les clefs de l'église et de la résidence épiscopale, dont ils s'étaient emparés, ils résistèrent aux ordres du préfet et, méprisant la présence des gendarmes, ils se présentèrent à l'audience de l'évêque qui était entouré de ses missionnaires. Là, mettant sous les yeux du prélat une pétition, ils lui demandèrent de la signer. Monseigneur, après avoir lu attentivement la requête : « Il m'est impossible, mes enfants, dit-il, de souscrire à de telles demandes, toutes contraires aux saints canons et à l'autorité de la sainte Église. Voyez si vous ne pouvez pas demander d'autres choses que nous puissions vous accorder en conscience. » Ils revinrent une seconde fois ; mais leurs exigences étaient si peu modifiées que l'évêque dut leur déclarer encore qu'il lui était impossible d'y souscrire. Devant cette attitude du prélat, les mutins demandèrent que l'évêque congédiât tous ceux qui l'accompagnaient et restât seul avec eux. Sans doute ils comptaient lui arracher sa signature par la force. « Mes enfants, dit Monseigneur, il ne convient pas que je me trouve seul ici. D'ailleurs, j'ai toujours besoin de quelqu'un pour mon service. » Avec sa permission, l'un des missionnaires consentit à se retirer, dans l'espoir de calmer plus promptement cette effervescence ; mais le R. P. Henri de Notre-Dame des Victoires déclara qu'il resterait avec son évêque, et que personne ne l'en séparerait. Le Frère aussi resta.

Mais toutes ces choses, et les mauvaises dispositions que montraient les rebelles, avaient profondément affecté Mgr H.-L. Agosto ; son bon cœur était oppressé par l'angoisse. Il tomba malade, et sa maladie prit de suite un caractère très alarmant. Il eut une hémorragie qui dura trois jours ; aussi se trouva-t-il réduit à une faiblesse extrême. Chose pénible à dire, on entravait les soins ; ceux qui assistaient leur évêque, avaient les plus grandes difficultés pour obtenir les remèdes prescrits par le médecin, et ils ne pouvaient même se procurer le peu de lait, unique nourriture qu'il pût prendre. Le R. P. Henri, après avoir donné aux autres missionnaires des nouvelles du vénérable malade, ajoutait que naturellement les affaires du village restaient pendantes. Les esprits ne s'apaisaient point, et tout était troublé autour du pasteur accablé par la maladie. « A la garde de Dieu, ajoutait le

P. Henri, je ne sais quand nous nous reverrons. » — « Hier soir, écrivait de son côté le Révérend Père curé d'Oresc le 1er décembre 1893, hier soir le R. P. Gabriel est arrivé ici, chassé pour la seconde fois par les gens de Béelini. Monseigneur, le P. Henri et le Fr. Jean sont comme emprisonnés. Je pars pour Sistoff afin d'essayer de faire transférer Monseigneur dans un autre endroit. »

Les factieux, en effet, avaient si bien concerté leurs mesures cruelles que les fidèles ne pouvaient pas même approcher de la demeure de l'évêque, tandis qu'eux y entraient et en sortaient selon leur fantaisie, augmentant par leur attitude et leur langage les angoisses de l'évêque. On comprend par là les inquiétudes du R. P. Erasme de la Vierge Marie, Ghigliotti (1), curé d'Oresc. C'était le plus âgé et le plus ancien missionnaire du diocèse. Ce vénérable Père n'eut pas le temps de réussir dans ses charitables entreprises.

La révolte, les exigences schismatiques, l'obstination des Béelinois, avaient donné le coup mortel à l'évêque. Le R. P. Henri et le Fr. Jean ne se lassaient de lui prodiguer leurs soins nuit et jour. Mais Dieu trouvait que son serviteur avait soutenu le bon combat, et que le temps de le couronner était venu. Le 3 décembre, vers 10 heures du soir, Mgr Hippolyte-Louis Agosto rendait paisiblement son âme à Dieu et allait recevoir la récompense des justes. *Euge, serve bone et fidelis, et quia in pauca fuisti fidelis, intra in gaudium Domini tui.*

(1) Le R. P. Erasme de la Vierge Marie, né François Ghigliotti, était originaire d'Ubaghetta, au diocèse d'Albenga (Italie). Il avait été envoyé dans la Mission peu de temps après son ordination sacerdotale. Il gouverna successivement avec zèle plusieurs paroisses au milieu de grandes difficultés et souffrances. Arrivé à la vieillesse et se sentant très affaibli, il désira finir ses jours dans le repos et la retraite et demanda à rentrer en Italie. Il quitta la Mission vers la fin de 1898. Le 20 septembre 1899, il mourut à Ceccano, près de Rome. Il avait soixante-douze ans.

## CHAPITRE XI

### FUNÉRAILLES. — SÉPULTURE

Devant cette mort le R. P. Henri et le Fr. Jean se sentirent frappés au cœur. Mais ils ne se découragèrent point et résolurent de transporter la dépouille mortelle de l'évêque à Roustchouk, afin de la déposer dans un tombeau préparé dans la cathédrale.

Cependant, à la nouvelle du décès du prélat, les rebelles, ses ennemis, furent déconcertés et couverts de honte. Les principaux et les plus acharnés se cachèrent, les autres se montrèrent à peine. Ils cédèrent enfin les clefs de l'église qu'ils avaient obstinément refusées à Monseigneur, et quelques-uns vinrent même porter des fleurs pour en orner sa dépouille mortelle, selon l'usage du pays. Le R. P. Henri et le Fr. Jean avaient rendu les derniers devoirs au corps du prélat et l'avaient revêtu des ornements épiscopaux, selon la prescription des Rubriques.

Aussitôt que les Révérends Pères Missionnaires eurent reçu l'annonce de la mort de leur évêque bien-aimé, ils se mirent en route, malgré le mauvais temps, afin d'assister à ses funérailles. Une députation d'hommes à cheval les accompagnaient, car les villageois chrétiens voulaient à tout prix former une escorte d'honneur au révéré défunt. Devant cette démonstration imposante, les ennemis, plus humiliés que jamais, disparurent entièrement.

La dépouille du prélat fut portée solennellement à l'église, où un premier service eut lieu. Puis, au milieu d'un nombreux cortège, le corps ayant été placé sur une voiture attelée de deux chevaux, on l'accompagna jusqu'à la paroisse voisine de Dragomirovo. Le lendemain un nouveau service solennel eut lieu, et un des Pères missionnaires prononça l'oraison funèbre de l'illustre défunt.

Après ces démonstrations et ces témoignages touchants de regret et de vénération, les Révérends Pères curés durent retourner à leurs postes respectifs, et les paroissiens venus avec eux les suivirent. Le R. P. Henri (1) et le Fr. Jean restèrent seuls pour accompagner le corps jusqu'à Roustchouk. La route était longue et mauvaise ; de plus, on devait traverser plusieurs localités schismatiques. Sans se décourager, ils partirent de grand matin de Dragomirovo. Comme le R. P. Henri craignait avec raison qu'on ne lui suscitât des difficultés, il fit dissimuler le cercueil sous des herbes sèches. Déjà les Révérends Pères de la résidence de Roustchouk avaient été prévenus ; aussi, quand ils virent apparaître le triste équipage, ce fut avec des larmes et des sanglots qu'ils reçurent les restes chéris du Père de leurs âmes. La nouvelle s'en répandit en ville, et bientôt les fidèles de tout rang et de tout âge accoururent, demandant, les larmes aux yeux, la faveur de contempler une fois encore les traits de leur bien-aimé Pasteur. Le Révérend Père vicaire général se hâta d'appeler le médecin. On ouvrit le cercueil... et quel ne fut pas l'étonnement du docteur ainsi que l'admiration des religieux et des prêtres !... Le corps du prélat ne présentait aucune trace de corruption et n'exhalait aucune odeur désagréable. Devant ce fait inattendu, l'homme de l'art n'eut aucune difficulté de permettre que le corps de l'évêque fût exposé dans la cathédrale. Un des Pères missionnaires, désirant ajouter des ornements et arranger un peu ceux que le corps avait déjà, fut très surpris de trouver les membres du défunt dans toute leur souplesse. Deux jours entiers, la dépouille mortelle de l'évêque resta exposée, et durant tout ce temps l'église ne désemplissait point, car non seulement

(1) Le R. P. Henri de Notre-Dame des Victoires (H. Doulcet) a succédé à Mgr H.-L. Agosto sur le siège de Nicopolis. Il a été sacré à Rome le 24 février 1895 par l'Eminentissime François de Paule Schönborn, archevêque de Prague, cardinal titulaire de Saint-Jean et Saint-Paul. Les évêques assistants étaient LL. GG. Mgr Edmond Stonor, archevêque de Trébizonde, et Mgr Constantin Costa, évêque de Segni, passioniste.

les fidèles, mais encore les schismatiques et les Turcs eux-mêmes, venaient contempler et honorer celui qu'ils avaient estimé, honoré et aimé durant sa vie. Les funérailles avaient été fixées au 9 décembre. Elles furent d'une solennité extraordinaire. S. G. Mgr Robert Menini, capucin, archevêque de Gangres et administrateur apostolique de Sophia et Philippopolis, présidait. Tout Roustchouk était réuni. L'évêque orthodoxe avait envoyé son archimandrite pour le représenter. Après la messe et l'office solennel, le corps du regretté prélat fut placé sur un magnifique corbillard et porté dans les principales rues de la ville au travers d'une population très nombreuse, sympathique et respectueuse. Tous les consuls étrangers ainsi que les autorités civiles bulgares suivaient le corbillard avec les Révérends Pères Passionistes de la Mission. Après un long circuit dans la cité, le cortège revint à la cathédrale, où le corps du bien-aimé pasteur fut déposé dans la tombe qui lui avait été préparée au centre de l'édifice sacré. Peu à peu la foule s'écoula, emportant un souvenir ineffaçable de celui qui avait à bien des titres mérité son admiration, sa vénération et son amour.

« Du reste, je viendrai bientôt vers vous. Je viendrai non pas dans un esprit de domination et d'empire, mais bien dans un esprit de mansuétude et de charité. Car, vénérables Frères et Fils bien-aimés, la charité du Christ me presse, pour que pour vous je n'épargne ni soins ni labeurs. Bien plus, s'il le faut, comme le bon Pasteur, je donnerai ma vie pour le salut de vos âmes. *Charitas Christi urget me, et pro vobis omnem curam et laborem et impendam, imo etiam si opus fuerit, ut Bonus Pastor, pro salute animarum vestrarum vitam profundam.* » (Epist. past. Romæ extra portam Cœlimontanam, III Maii MDCCCLXXXIII).

Ne dirait-on pas que Mgr H.-L. Agosto, en dépeignant ainsi toute sa vie d'apôtre, a prophétisé sa glorieuse fin ? C'était de Rome, le jour même de son sacre, qu'il envoyait ce programme à ses chers coopérateurs et à tous ses très chers diocésains de Nicopolis. C'est du centre de la catholicité qu'il leur montrait son cœur par la protestation de se sacrifier pour eux, de mourir s'il le fallait afin de conserver intacts parmi eux les droits de l'autorité divine de la Sainte Église Catholique, Apostolique et Romaine. Il a tenu parole ; aussi son souvenir sera-t-il à jamais en bénédiction.

Sur la tombe du regretté prélat on a placé une dalle de marbre portant gravées ses armoiries et l'inscription suivante :

D O M
A Ω
HIC IN PACE QUIESCIT
HIPPOLYTUS AGOSTO
E CONGREGATIONE SS. CRUCIS ET PASSIONIS D. N. J. C.
EPISCOPUS NICOPOLITANUS
QUI CATHOLICÆ FIDEI ZELO INCENSUS
IN HAC RUSCIUCHINI CIVITATE
SCHOLIS CONSTRUCTIS AC SANCTIMONIALIBUS ADVOCATIS
UTRIUSQUE SEXUS PUERORUM ET ADOLESCENTIUM INSTITUTIONI
CONSULUIT
TEMPLUM HOC A FUNDAMENTIS EREXIT
BELLINI IN CONCILIANDIS ANIMIS FRUSTRA LABORANS
CONTUMACIUM CONTUMELIIS LACESSITUS
MŒRORE POTIUS QUAM MORBO CONFECTUS OBIIT
TANQUAM BONUS PASTOR QUI ANIMAM DAT PRO OVIBUS SUIS
III NONAS DECEMBRIS ANNO DOMINI MDCCCLXXXXIII
ÆTATIS SUÆ LV
EJUSDEM CONGREGATIONIS MISSIONARII HOC GRATI ANIMI ET AMORIS
MONUMENTUM POSUERE

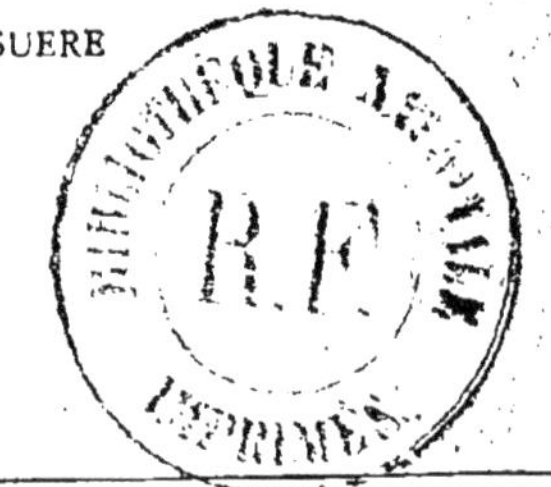


La Chapelle-Montligeon (Orne). — Imprimerie de Montligeon.

IMPRIMERIE
DE MONTLIGEON
(ORNE)

www.ingramcontent.com/pod-product-compliance
Ingram Content Group UK Ltd.
Pitfield, Milton Keynes, MK11 3LW, UK
UKHW022122260726
13993UKWH00003B/1184

9 782019 955427